11-03-03

Découvrir

la mémoire des femmes

Une historienne face à l'histoire des femmes

Micheline Dumont

Découvrir
la mémoire des femmes

Une historienne face à l'histoire des femmes

les éditions du remue-ménage

Couverture : Tutti Frutti
Infographie : Claude Bergeron

Distribution en librairie : Diffusion Dimedia
            Tél. : (514) 336-3941 / Télec. : (514) 331-3916
À l'étranger : Exportlivre
        Tél. : (450) 671-3888 / Téléc. : (450) 671-2121
        La Librairie du Québec à Paris
        Tél. : 01 43 54 49 02 / Téléc. : 01 43 54 39 15

© Les Éditions du remue-ménage
Dépôt légal : quatrième trimestre 2001
Bibliothèque nationale du Canada
Bibliothèque nationale du Québec

ISBN 2-89091-193-4

Les Éditions du remue-ménage
110, rue Sainte-Thérèse, bureau 501, Montréal (Québec) H2Y 1E6
Tél. : (514) 876-0097 / Télec.: (514) 876-7951

Les Éditions du remue-ménage bénéficient de l'aide financière de la SODEC,
du ministère du Patrimoine canadien et du Conseil des Arts du Canada.

Table des matières

Le texte « Au départ » est inédit. On y trouvera toutefois quelques paragraphes tirés de « Une force politique invisible », paru dans *Options CEQ*, n° 17, printemps 1998 : « Le pouvoir, un métier non traditionnel ».

Le texte reproduit dans le chapitre 1 a été présenté au congrès annuel de la Société historique du Canada en 1973 et a servi d'introduction à une note critique parue dans *La Revue d'histoire de l'Amérique française* en décembre 1975 : « Peut-on faire l'histoire de la femme ? »

Le texte reproduit dans le chapitre 2, « Découvrir la mémoire des femmes », a paru d'abord dans l'ouvrage collectif publié par Monique Dumais en 1981, *Devenirs de femmes*, Montréal, Fides, coll. « Cahiers de recherche éthique », n° 8. Il a été reproduit dans l'ouvrage collectif dirigé par Nadia Fahmy-Eid et Micheline Dumont, *Maîtresses de maison, maîtresses d'école. Femmes, famille et éducation dans l'histoire du Québec*, Montréal, Boréal, 1983.

Le texte reproduit dans le chapitre 3, « Histoire : mot féminin », a paru dans *Liberté*, n° 147, « L'histoire vécue », 1983.

Le texte reproduit dans le chapitre 4, « Les pièges de l'histoire », a d'abord été présenté en novembre 1984 au Colloque international sur la situation de la femme, dans le cadre du VIIIe Colloque interdisciplinaire de la Société de philosophie du Québec. Il a été publié dans Louise Marcil-Lacoste (dir.), *Égalité et différence des sexes*, Les Cahiers de l'ACFAS, n° 44, 1986.

Le texte reproduit dans le chapitre 5, « Historienne et sujet de l'histoire », a paru dans la revue de l'Institut québécois de recherche sur la culture, *Questions de culture, Identités féminines : mémoire et création*, Denise Lemieux (dir.), 1986.

Le chapitre 6 est inédit.

Le texte reproduit dans le chapitre 7, « Histoire des femmes », constitue mon discours de réception à la Société Royale du Canada en 1993. Il a été publié en 1994 dans le volume 47 des *Présentations à la Société Royale du Canada*.

Le texte reproduit dans le chapitre 8, « La construction de l'invisibilité », a paru dans *Liberté*, n° 250 : « Masculin/Féminin : quelle différence ? », 2000.

Le texte « Au fil d'arrivée » est inédit.

Les autorisations nécessaires ont été obtenues pour reproduire chacun de ces textes.

Remerciements

Je dois ce projet à Judith Dufour, qui m'a invitée en 1987 à présenter une série de trois Belles Soirées à l'Université de Montréal, sous le titre *Une historienne face à l'histoire des femmes.* Depuis cette date, le dossier constitué pour préparer ces trois conférences dormait dans mes classeurs et me rappelait que je voulais pousser la démarche un peu plus loin. Par la suite, les historiennes du Québec ont pris l'habitude de se réunir régulièrement pour discuter de théorie, à la section québécoise du Comité canadien d'histoire des femmes. Comment ne pas souligner les participations stimulantes de Nadia Fahmy-Eid de l'Université du Québec à Montréal, d'Andrée Lévesque de l'Université McGill, de Denyse Baillargeon et Denise Angers de l'Université de Montréal, de Johanne Daigle de l'Université Laval, de Louise Toupin, de tant d'autres, étudiantes et professeures qui m'ont permis de mieux formuler les concepts liés à la théorie de l'histoire des femmes et de participer à l'évolution du débat? J'ai inclus tous leurs articles dans la bibliographie, même si je ne les ai pas cités. Car, bien sûr, je ne suis pas la seule au Québec à avoir réfléchi à la question.

Plusieurs des articles reproduits ici avaient bénéficié, naguère, des discussions fructueuses avec Marie Lavigne, Michèle Jean, Jennifer Stoddart, membres du Collectif Clio, mais aussi avec Renée Brien-Dandurand et Denise Lemieux, sans oublier les conseils d'Agnès Bastin, véritable sage-femme de l'écriture. Enfin, je n'aurais pu mener ce travail à terme sans l'expertise informatique de Nicole Charrette, qui a scanné tous les textes ; sans les encouragements de Lucia Ferretti, Christine Hudon, Ginette Bureau qui, sans s'en apercevoir, m'ont vraiment persuadée qu'il fallait écrire ce livre ; sans l'écoute attentive de mes sœurs, Suzanne et Françoise Dumont, qui ont suivi mes états d'âme à travers mes nombreux courriels durant la préparation de ce livre et m'ont fait part à l'occasion de commentaires judicieux ; sans les éditrices du Remue-ménage, qui ont donné le signal de départ pour cette plongée dans mes anciens textes et m'ont guidée dans l'édition définitive ; mais surtout, sans les discussions avec Stéphanie Lanthier, lectrice aguerrie qui m'a permis de ne pas dévier de ma ligne directrice. Comme quoi, un livre est toujours un projet qui émane des interrogations du passé, mais aussi des stimulations du présent.

Plusieurs textes figurant dans cet ouvrage ont été reproduits avec l'aimable autorisation de plusieurs revues ou institutions. Je remercie ici Pierre Lanthier, directeur de la *Revue d'histoire de l'Amérique française,* Johanne Saindon, responsable des droits et permissions aux éditions Fides, Paul Bélanger, responsable des relations publiques à la revue *Liberté,* Jocelyne Dazé, coordonnatrice des activités scientifiques de l'Association canadienne-française pour l'avancement des sciences, Léo Jacques, directeur au développement des éditions de l'Institut québécois de recherche sur la culture aux Presses de l'Université Laval, et Paul-Hubert Poirier, msrc, président de l'Académie 1 de la Société Royale du Canada.

Sherbrooke, le 30 mars 2001

Je dédie ce livre à Louise Toupin,
qui m'a fait comprendre
que la théorie était ancrée dans la réalité,
et à Stéphanie Lanthier,
qui m'a permis de rester en contact
avec les moins de trente ans.

Au départ

J'ai enseigné l'histoire des femmes à l'université pendant un quart de siècle. Il y a vingt-cinq ans, le féminisme était libérateur et l'histoire des femmes, une nouveauté irrésistible. Chaque cours donnait naissance à des discussions passionnées. À ma dernière année, en 1999, mes étudiantes étaient nées après 1975. Leur perception était forcément très différente de celle de leurs devancières. Elles se sentaient peu concernées par les questions touchant les femmes et prenaient moins volontiers la parole durant les cours. Dans les journaux étudiants, certaines écrivaient pour dénoncer la « féminisation du langage » ou le « syndrome de la femme battue ». Et pour plusieurs, le féminisme semblait une option dépassée, inutile, négative, dirigée contre les hommes. Pour elles, le féminisme était une réalité ancienne, « datant des années 1970 », bonne pour la génération de leur mère qui avait dû gagner le droit à l'éducation, au travail salarié, à l'exercice d'une profession naguère réservée aux hommes, au salaire égal, à la contraception, etc. Pas pour elles…

Ce constat me pousse à la confidence. Ces jeunes femmes me font beaucoup penser à moi, au début des années 1960, quand je voyais Mme Thérèse Casgrain à la télévision. Je ne voulais surtout pas ressembler à cette vieille dame. Certes, je lui étais reconnaissante d'avoir obtenu le droit de vote pour les femmes. Mais pas question de me lancer dans quelque militance que ce soit au nom des femmes. Bien d'autres combats sollicitaient mon engagement : l'arrêt des essais nucléaires, les droits des Noirs aux États-Unis, les subventions aux universités québécoises, le mouvement laïc de langue française, la réforme imminente de l'éducation, les revendications syndicales… J'étais une « femme de gauche »… comme la majorité des étudiants et des étudiantes de ma génération. D'ailleurs, aujourd'hui, les jeunes femmes partagent les inquiétudes et les interrogations des jeunes hommes face à un avenir qui semble tellement bloqué. Les victoires de leurs mères sont le cadet de leurs soucis, et ma foi, je les comprends.

Je me croyais donc « de gauche ». Mais… je dois admettre aussi que j'étais absente de l'ébullition féministe des années 1960 : l'anniversaire du droit de vote des femmes en 1965, la fondation de la Fédération des femmes du Québec et de l'AFÉAS en 1966, l'émergence du Front de libération des femmes en 1969. J'étais pour ma part mobilisée à ce moment-là par les exigences de la vie privée : mariage, études en France, maternités. C'est à cette période que j'ai rédigé mon premier texte, *Histoire de la condition de la femme dans la province de Québec*, à la demande de la Commission royale d'enquête sur la situation de la femme au Canada, la Commission Bird. Lorsque je relis le dernier paragraphe de ce texte, je suis obligée de constater que je n'étais pas féministe à ce moment-là. La phrase de conclusion me cause un certain malaise : « Dans une société désormais transformée, la femme songe davantage à agir qu'à revendiquer : au fond elle ne demande que de meilleurs moyens d'action. » Ma vision était très « classe moyenne », très réformiste, très modérée, très « blanche », mais je ne m'en rendais pas compte. Mes recherches en histoire des femmes auraient dû m'ouvrir les yeux. Non, j'étais aliénée : j'endossais le point de vue masculin sur la réalité des femmes.

La publication de cette brochure m'a valu bien des demandes de conférences. J'ai alors découvert le pouvoir mobilisateur de l'histoire des femmes. Mais je n'étais pas féministe, surtout pas comme les excitées qu'on voyait parfois à la télévision. Je me souviens même d'avoir déclaré, en 1971, au terme d'une conférence : « Les groupes de femmes sont une perte de temps et d'énergie. » J'avais lancé cette idée comme ça, et une journaliste s'était emparée de la formule pour en faire la manchette de son article, en grosses lettres. Mon idée était que les femmes qui travaillaient dans ces organisations auraient mieux fait de se lancer dans les sphères politiques : municipales, provinciales ou fédérales. Pour être honnête, j'ignorais à ce moment-là qu'il y avait un Front de libération des femmes à Montréal, et je croyais que les quelques manifestations de femmes qu'on apercevait à la télévision n'étaient que des copies maladroites de ce qui se déroulait aux États-Unis et en France. Je continuais de penser que, franchement, les femmes qui voulaient sortir du modèle traditionnel n'avaient qu'à foncer. Je me rappelle, avec un peu de honte, que la question de l'avortement ne me touchait pas : je savais, moi, comment pratiquer la contraception.

J'étais féministe, mais je ne le savais pas et je ne voulais surtout pas le reconnaître. Car, durant toute mon adolescence, j'avais été enragée de ne pas être un garçon. Je piaffais d'impatience devant chaque porte qui se fermait parce que j'étais une fille. Je méprisais les règles stupides du jeu amoureux, que je refusais de jouer, ce qui semblait me vouer au célibat. J'avais lu *Le Deuxième Sexe* et j'endossais l'analyse de Simone de Beauvoir mais, au fond de moi, je rejetais sa solution de refuser mariage et maternité, d'adopter intégralement le modèle masculin. Je relis aujourd'hui avec stupéfaction ce que j'écrivais dans mon journal en 1959, après avoir lu cet ouvrage :

> *Je suis épatée. Bien sûr, il y aura des points à réviser : cette vision est trop systématique pour être entièrement vraie. Mais je pense que la synthèse, globalement, apporte une vue originale de la question. Le primat existentialiste ne contredit rien de fondamental et permet de poser son destin dans un contexte d'assomption, d'intégration qui est incroyablement fécond. Poser en termes d'altérité la situation de la femme est un procédé très éclairant : cela met en évidence toute l'opposition de l'individu et de la féminité, deux réalités selon la conception actuelle de la femme et entre lesquelles la synthèse paraît plutôt irréalisable. Mais si la féminité est une abstraction, ainsi qu'il le semble bien, le conflit*

change entièrement de niveau et la synthèse prend une autre perspective. D'autre part, poser en termes de liberté les éléments de solution de cette synthèse dépasse les réactions – disons adolescentes – d'agressivité et de révolte pour donner une attitude plus strictement positive. Personnellement, je ne me sens pas la force et l'indépendance de faire de cette solution positive une réaction d'unité, d'indépendance totale ; mais cette attitude me paraît aussi aller contre trop de valeurs réelles quand elle est menée jusqu'au bout. Je préfère penser la réaction en termes de complémentarité. Mais une complémentarité qui tient compte de tout l'individu, de toutes les forces qui m'agitent, et dont je ne veux rien négliger. Je crois à la réciprocité des besoins que les deux sexes ont l'un de l'autre. Et cette réciprocité peut n'être point de la faiblesse.

Dans ces phrases quelque peu « songées », on devine la difficulté pour une jeune femme, au terme de ses études universitaires, avant 1960, de tenter de concilier les aspirations professionnelles et les aspirations conjugales, les élans de la libido et les exigences de la vie intellectuelle. Les jeunes femmes d'aujourd'hui ont bien du mal à comprendre à quel point il était compliqué et difficile, à cette époque, d'échapper au destin féminin et aux règles de la morale bourgeoise.

Mais revenons aux années 1970. Il était impossible de ne pas constater l'ébullition du mouvement de libération des femmes. Je me suis donc mise à lire : *La Femme eunuque* de Germaine Greer, *La Politique du mâle* de Kate Millett et, en 1975, *Ainsi soit-elle* de Benoîte Groult. J'ai refermé le livre et j'étais féministe : il n'était plus possible de faire autrement. Mes nouvelles recherches en histoire des femmes ont fait le reste. J'ai découvert soudainement l'ancienneté du féminisme, qui apparaît comme mouvement politique organisé autour de 1848 ; l'émergence du mot « féministe », vers 1882, sous la plume des militantes, et non pas celle de Fourier, comme l'affirme faussement le dictionnaire *Robert* ; la longue tradition de l'analyse « féministe » avant la lettre chez les premières théoriciennes : Christine de Pisan, Gabrielle Suchon, Olympe de Gouges, Mary Wollstonecraft ; les cadres théoriques de l'opposition nature/culture, de l'oppression des femmes, de la subordination des femmes, et les difficultés pratiques de la réalisation de l'égalité. Petit à petit, j'ai été obligée de constater que j'étais devenue radicale dans mes analyses. Toute l'histoire de l'humanité m'est apparue sous un nouveau jour. J'ai compris que le projet d'écrire l'histoire des femmes était obligatoirement un projet politique, soutenu par le développement d'une perspective critique sur l'histoire traditionnelle. Au fil des années, la recherche en histoire des femmes s'est progressivement doublée, pour moi, d'une recherche sur la théorie de l'histoire des femmes. Cette réflexion féministe sur l'histoire commence à peine à modifier les récits universels prédominants. Or, la réflexion théorique sur l'histoire des femmes est une entreprise aussi difficile que pertinente et nécessaire, voire inachevée.

Il n'est pas facile d'expliquer l'importance de la théorie. Elle est pourtant indispensable et la plupart des gens se basent sur des théories pour formuler leurs opinions, même si, le plus souvent, le processus reste implicite. Comme j'ai souvent éprouvé des difficultés de lecture, j'ai écrit de nombreux textes pour tenter de synthétiser mes lectures et de les expliquer à mes étudiantes. Mais on oublie souvent à quel point l'intégration de concepts nouveaux est lente et progressive. Il m'arrive de penser que les gens qui m'écoutent ou me lisent pourront comprendre en quelques minutes ce que j'ai moi-même mis des décennies à assimiler vraiment. Quelle naïveté ! De plus, on pense souvent que les générations actuelles sont au courant des discussions récentes. Cela n'est certes pas vrai pour l'histoire des femmes, car cette question demeure encore un domaine facultatif dans les programmes d'études, et la très grande majorité des étudiants et étudiantes peuvent poursuivre des études supérieures en histoire sans même soupçonner que ce champ de réflexion a connu un tel développement.

Maintenant à la retraite, j'ai enfin le loisir de me pencher sur tous ces écrits, qui ont paru le plus souvent dans des revues spécialisées. Or, j'y découvre un parcours éminemment pédagogique. J'ai ainsi pris la décision d'en reprendre quelques-uns, de les mettre en contexte, et de les publier par ordre chronologique afin de proposer un ouvrage qui résume une lente évolution intellectuelle, la découverte et l'approfondissement de concepts importants.

C'est donc à une nouvelle tentative de poursuivre le combat de la réflexion féministe en histoire que cet ouvrage est consacré. J'espère toucher de nouvelles lectrices, jeunes de préférence, à qui j'épargnerai de longues lectures. J'espère aussi convaincre de nouveaux lecteurs, de tous les âges, tant il est indispensable que cette réflexion vienne infléchir l'ensemble des recherches historiques, et même les conceptions des amateurs et amatrices d'histoire. Trop de gens pensent encore que l'histoire ne concerne que la guerre et la politique.

Au début de chaque chapitre, une brève mise en contexte permet de situer la réflexion au moment où elle a été produite. Plusieurs éléments de mon expérience d'enseignement, de recherche et de communication y sont greffés, car il est certain que la pensée ne se développe pas en vase clos. Pour ma part en tous cas, les interactions avec les collègues, les critiques, les participations à des conférences ont été autant d'occasions d'approfondir mes idées, en fait surtout celles des autres historiennes, françaises ou américaines, qui ont été ma principale inspiration. Des concepts qui sont aujourd'hui courants ont mis du temps à être intériorisés et intégrés dans ma démarche. Le parcours de cette évolution permet de modifier la direction du regard historique. C'est pourquoi je convie lectrices et lecteurs à découvrir la mémoire des femmes à un autre niveau : celui de la pensée critique.

En préparant ce livre, j'ai été confrontée à de nombreuses difficultés. Sur un ensemble de vingt textes [1], j'en ai choisi huit, ceux qui permettaient justement de reconstituer mon parcours intellectuel. Le ton et la longueur des textes ne sont pas uniformes, mais j'ai décidé de contester la règle non écrite selon laquelle les chapitres d'un livre devraient être d'égale longueur. De plus, on retrouve un certain nombre de répétitions d'un chapitre à l'autre, mais ces répétitions – j'essaie de m'en persuader – ont une fonction pédagogique. Enfin, quelques passages étaient devenus presque incompréhensibles. J'ai donc dû procéder à quelques modifications mineures afin d'assurer la lisibilité de cet ouvrage. J'ai également uniformisé la bibliographie, où on trouvera la

---

1. Voir la liste dans la bibliographie.

référence complète des livres et articles cités qui concernent l'histoire des femmes. Cette bibliographie est surtout constituée de textes des années 1970 et 1980, car depuis 1990 il est devenu presque impossible de suivre le rythme des publications.

L'histoire des femmes n'est pas un récit anecdotique : c'est une invitation à penser autrement la mémoire officielle et la mémoire collective. Je formule le souhait que les lectrices, et surtout les lecteurs – parce que pour eux, ce sera sans doute plus difficile – en comprennent davantage les exigences et les possibilités. J'espère aussi avoir pu montrer que la théorie n'est pas si redoutable qu'on le pense et qu'elle permet vraiment de changer nos idées. Dans le monde d'aujourd'hui, ce n'est sans doute pas un luxe.

Chapitre 1

Un nouveau champ de recherche
1973-1975

À la fin des années 1950, il était possible de faire des études supérieures en histoire sans même penser un seul instant que la réalité des femmes pourrait être objet de l'histoire. L'histoire déroulait ses phases majestueuses selon des critères bien balisés : le politique, l'économique, l'institutionnel, avec à l'occasion des incursions dans la vie religieuse, associative ou culturelle. Étudiante au doctorat en histoire, j'avais fait mes recherches sur les missionnaires en Acadie entre 1713 et 1760.

Au début des années 1960, il était normal d'enseigner l'histoire dans les institutions d'alors, les écoles normales, les collèges classiques, en suivant scrupuleusement ces règles si bien intériorisées à l'université. Dans ces mêmes universités, où le flot des étudiants et des étudiantes commençait à faire éclater les cadres traditionnels, de timides percées apparaissaient dans les avenues inédites de cette nouvelle histoire qu'on disait sociale, celle qui voulait faire apparaître les anonymes dans l'histoire. Mais ce savoir nouveau ne pénétrait guère dans les collèges et les écoles normales.

Quand je suis arrivée à l'Université de Sherbrooke en 1970, j'ignorais encore le b a-ba de l'activité universitaire et les découvertes de la nouvelle histoire. J'ai tout appris progressivement, sur le tas : consultation des revues savantes, recherches dans les archives, présentation des résultats dans les congrès et les colloques, publications, etc. C'est ainsi que l'on m'a invitée, en 1973, au congrès annuel de la Société historique du Canada, à commenter une recherche originale de Suzanne Cross sur les femmes à Montréal au XIXᵉ siècle. C'était ma première expérience dans un congrès scientifique. Le titre lui-même était significatif : « The Neglected Majority. The Changing Role of Women in XIXᵉ Century Montreal ». Il fut adopté par la suite pour désigner une collection d'articles en histoire des femmes publiée au Canada anglais (Mann 1977, 1985). Impressionnée par l'auditoire savant qui écouterait mes propos, j'avais préparé quelques réflexions théoriques sur le projet de poser les femmes comme objet de l'histoire. La séance avait attiré une foule considérable et suscité un débat passionné. Je découvrais que l'objet « femmes », en histoire, soulevait des questions inédites.

Deux ans plus tard, la *Revue d'histoire de l'Amérique française* me demandait de présenter une note critique sur quelques ouvrages qui venaient de paraître dans ce nouveau champ de l'histoire. Vraisemblablement, la conjoncture de l'Année internationale de la femme en 1975 avait suscité cette floraison de publications. J'ai alors décidé de fignoler les réflexions qui m'avaient guidée deux ans auparavant, en préambule à la note critique exigée. L'état sommaire de ces réflexions est illustré par le titre même de ce texte, « Peut-on faire l'histoire de la femme ? », utilisant ce singulier qui fait aujourd'hui frémir toutes les historiennes. J'explorais un terrain qui me semblait vierge : j'ignorais que d'autres, ailleurs, avaient commencé à théoriser sur l'histoire des femmes. Risques d'anachronismes, difficulté de documentation, nécessité de l'histoire comparative, tels me semblaient être les obstacles à l'entreprise d'écrire l'histoire de « la » femme. J'avais beau parler d'épistémologie, les problèmes que j'identifiais n'étaient nullement épistémologiques.

Ce texte est intéressant parce qu'il prend comme point de départ les idées les plus courantes sur l'histoire. Alors que les pratiques de l'histoire sociale permettaient de se lancer dans tellement d'avenues nouvelles, l'objet « femmes » s'insérait dans la liste des nouveaux débats sociaux dont il était possible désormais de retracer l'histoire, la décolonisation ou l'écologie par exemple. Ma perspective était méthodologique, elle n'était pas du tout féministe. Car qui voudrait être féministe sur le terrain si lisse de la science objective ?

La note critique se terminait par deux questions et une réponse : peut-on faire l'histoire de la femme ? Doit-on faire l'histoire de la femme ? La réponse est peut-être entre les mains des historiennes puisqu'il y en a.

En fait, là se situait la véritable nouveauté : il y avait désormais des historiennes.

Peut-on faire l'histoire
de la femme ?

À la réunion annuelle de la Société historique du Canada, à Kingston en 1973, Suzanne Cross présentait une communication intitulée « The Neglected Majority ». Son texte analysait le rôle des femmes à Montréal dans la seconde moitié du XIXᵉ siècle. Ce titre illustre très bien la place occupée par les femmes dans l'historiographie canadienne. En effet, bien qu'ayant une importance démographique souvent majoritaire, les femmes ne figurent pour ainsi dire pas dans les ouvrages d'histoire.

Il y a, bien sûr, une explication facile à cela. Si on parle peu des femmes dans les livres d'histoire, c'est que ces livres reflètent les situations et les valeurs des sociétés ou des époques qu'elles expliquent ou qu'elles racontent. Comme les femmes y ont rempli des fonctions le plus souvent dévaluées socialement, ou y ont joué des rôles épisodiques ou marginaux, il ne semble pas inadéquat de les laisser dans l'oubli. D'ailleurs, cet oubli collectif se retrouve sur le plan individuel puisque l'historiographie, tout compte fait, a peu retenu de noms de femmes. Si on prend pour exemple les biographies figurant dans les quatre volumes parus du *Dictionnaire biographique du Canada,* on obtient le panorama suivant : 90 biographies de femmes sur un total de 2 296 biographies publiées, soit 3,9 %. Et qu'ont fait ces femmes assez remarquables pour figurer dans ce dictionnaire ? Elles ont œuvré dans les mondes aussi divers que ceux du dévouement, du libertinage, de la vie domestique et de la créativité, toutes occupations, on le sait, éminemment féminines. Ces maigres statistiques ne prétendent pas réclamer l'égalité de présence dans les dictionnaires. Elles mettent plutôt en évidence le rôle social réduit qui a été celui des femmes. Elles annulent également tous les couplets émus qui ont été écrits sur la grandeur du rôle de la Canadienne, et ce, jusqu'aux apothéoses de Mgr Albert Tessier. Manifestement, on ignore encore l'essentiel de ce que fut l'histoire des femmes parce que, manifestement aussi, on n'est pas certain que cette connaissance soit indispensable à une vision globale du passé.

Mais il y a plus. En effet, si on s'intéresse à la femme dans les études historiques, c'est en tant que thème particulier. Il y a déjà là un premier paradoxe à traiter d'une manière particulière un objet aussi général que celui de la femme. Mais en même temps, on décrit comme généraux des phénomènes qui sont vécus et pensés uniquement par des hommes. Imagine-t-on un livre sur *Le droit de vote des hommes*? Un article sur *Le statut de l'homme marié en Nouvelle-France*? Une thèse sur *L'accès des hommes à la profession médicale*? Comme le dit Marylee Stephenson (1973: xiii) «nos modèles d'hommE sont encore largement des modèles d'hommes». Double paradoxe donc, qui n'est pas sans poser des problèmes méthodologiques, voire épistémologiques, dans l'étude historique des femmes.

L'année 1975, consacrée par l'ONU Année internationale de la femme, a suscité la publication d'une grande quantité d'ouvrages sur les femmes. Pour notre part, nous en avons retenu cinq[1] et cette note critique voudrait mettre en relief une problématique de l'historiographie sur la femme.

Tout d'abord, il est certain que le fait qu'on s'intéresse davantage aujourd'hui à l'histoire de la femme est relié étroitement à un phénomène social nouveau qui est le mouvement de libération de la femme. Comme toujours, le présent continue de poser de nouvelles questions au passé, ce qui permet à l'historiographie de s'enrichir de nouveaux objets et de nouveaux points de vue. Jusqu'ici, rien de neuf. Mais ce sont les problèmes «nouveaux» de ce processus «ancien» que nous voudrions souligner ici. Ces problèmes ne sont certes pas spécifiques à l'histoire de la femme (celui qui s'aviserait de faire l'histoire de l'écologie, par exemple, rencontrerait des problèmes semblables), mais il ne sera pas inutile de les préciser ici.

---

1. Ces ouvrages étaient ceux de Catherine Cleverdon, Ghislaine Houle, Mona-Josée Gagnon, Michèle Jean, Marylee Stephenson. Voir la bibliographie. Je n'ai pas cru bon de reproduire la critique des volumes, qui ne rejoint pas l'objectif du présent ouvrage.

Le premier de ces problèmes serait celui de la connaissance véhiculée par les mots. Il est en effet risqué de projeter dans les époques passées les valeurs nouvelles de la société actuelle et de faire surgir ainsi une image anachronique du passé. Il nous semble que, même si le présent pose de nouvelles questions au passé, on doit se garder d'évaluer les réalités du passé avec les critères du présent. Au contraire, c'est en tentant de saisir le contexte réel où les situations anciennes ont été vécues qu'on éclairera le mieux le présent. Mais justement, ce contexte est souvent difficile à discerner et la moindre affirmation demande des années d'efforts et de recherches pour être valable. D'autre part, ce contexte est souvent perçu en réaction par rapport aux conceptions nouvelles, ce qui risque encore plus de biaiser l'interprétation. Jean Blain a déjà développé, dans cette revue, les avatars subis par le concept de la « moralité de nos ancêtres ». Toute l'histoire de la femme, croyons-nous, pose systématiquement de semblables problèmes de méthode et de critique historiques. Au fond, l'idée même de l'égalité de la femme est génératrice d'ambiguïtés dans l'interprétation historique. Il sera toujours difficile d'y échapper.

Le second problème que l'on peut souligner est celui de la documentation. Certes, l'historien est habitué à chercher longtemps son gibier, mais la difficulté est singulièrement aiguë quand on choisit de travailler sur l'histoire de la femme. Ainsi, toute recherche sur un aspect de la situation de la femme oblige le chercheur à poursuivre toutes les pistes parce qu'il n'y en a aucune qui soit spécifiquement consacrée à la femme. Par contre, il ne peut négliger aucun aspect de la réalité puisque son objet est général et qu'on retrouve des femmes partout. Il y a semble-t-il, aux Archives publiques à Ottawa, une discussion permanente entre les archivistes féministes qui souhaitent créer une section spécifiquement consacrée à la femme et les archivistes traditionnels qui veulent distribuer dans les diverses sections existantes les documents consacrés aux femmes. Entreprendre une recherche historique sur la femme, c'est toujours s'engager dans de sérieux problèmes d'heuristique.

Cette difficulté se double de l'absence presque totale de témoignages directs. En effet, la majorité des documents sur les femmes, envisagées collectivement, ne sont, en somme, que des témoignages indirects. Les principales intéressées n'ont guère laissé de traces dans les archives. Et à cause de cela des pans entiers de la vision globale du passé sont laissés dans l'ombre. Dans son étude fouillée et savante sur *Les Filles du Roi*, Silvio Dumas ne mentionne qu'un seul document émanant directement d'une fille du roi. On aurait mauvaise grâce à le lui reprocher : jusqu'à preuve du contraire, de tels documents n'existent tout simplement pas. Dans le même ordre d'idées, il est certain qu'il sera toujours plus facile de retracer l'évolution des journaux que d'étudier les attitudes des épouses des députés. Mais il n'est pas démontré que la première réalité a plus d'importance que la seconde sur la vie politique québécoise. Toutefois, faute de documentation, la seconde hypothèse ne sera jamais élucidée. En fait, l'étude de l'histoire de la femme exige d'avoir recours aux méthodologies variées de l'anthropologie culturelle, de la démographie, de la sociologie, de l'analyse littéraire, etc., pour faire échec à l'absence de documentation directe. L'histoire de la femme relève peut-être de l'histoire des mentalités, ce qui est pour le moins surprenant.

Un dernier problème nous semble lié à la nécessité, pour le chercheur qui explore une question nouvelle comme celle de l'histoire de la femme, de faire systématiquement des comparaisons avec des sociétés ou des milieux distincts mais analogues, pour bien circonscrire son objet, sous peine de se résigner à ne faire que des travaux sans envergure. Il est évident qu'une telle nécessité rend plus difficiles et plus longues de telles études, car les éléments de comparaison sont loin d'être toujours disponibles. Ainsi, la pléthore de fondations et de vocations religieuses féminines au Canada français entre 1840 et 1910, qui est à coup sûr un trait caractéristique de notre évolution collective, aurait besoin, pour être expliquée convenablement, de toute une série de comparaisons avec les milieux français, américains, anglais et *canadian* de la même époque, ainsi que d'une analyse de l'évolution globale des effectifs religieux. Ces comparaisons et ces analyses entraînent des études statistiques complexes dont les données sont parfois introuvables ainsi que la référence à des modèles structurels qui sont encore à inventer. Cela n'est pas simple, surtout dans le climat révisionniste qui caractérise les études actuelles en histoire canadienne. Cette exigence n'est certes pas exclusive à l'histoire de la femme, mais nous croyons qu'elle s'y manifeste avec plus d'acuité.

Chapitre 2

Un premier panorama théorique
1981

Ainsi, me semblait-il encore en 1975, l'histoire des femmes n'était qu'une nouveauté parmi d'autres, objet d'étude qui ne suscitait pas de questionnement spécifique. Or, à la fin des années 1970, le féminisme vivait ses belles années. L'urgence d'enseigner l'histoire des femmes à l'université ne faisait plus de doute. En 1976, j'ai offert le premier cours en *Histoire des femmes au Québec*, lequel, ma foi, s'appelait encore *Histoire de la femme au Québec*, cours qui me révélait, comme les quelques conférences que je donnais, que le dévoilement de leur histoire constituait une prise de conscience irréversible pour les femmes.

Je n'étais pas la seule. Dans plusieurs facultés, en théologie, en sociologie, en littérature, en psychologie, des chercheures commençaient à introduire les femmes dans les objets d'étude, critiquaient les cadres traditionnels inadéquats pour analyser la réalité des femmes, proposaient des cours inédits. Voulant explorer davantage la question, j'ai soumis une demande de subvention au Conseil de recherches en sciences humaines du Canada. Les commentaires reçus, avec la réponse négative à ma demande, m'ont donné une bonne leçon d'humilité. Je n'avais rien lu des réflexions théoriques pertinentes en histoire des femmes. Je ne connaissais pas les recherches déjà effectuées. Les ouvrages à lire formaient déjà une longue liste ! Je découvrais l'importance de la théorie sur l'histoire des femmes pour situer les recherches sur le terrain. Je me suis mise à l'ouvrage.

Sur ces entrefaites, un colloque organisé par les professeures de l'UQAM, en 1979, réunissait pour la première fois les chercheures de toutes les disciplines et de toutes les universités. Non seulement les chercheures, mais aussi les militantes, venues des fronts divers de l'ébullition féministe. Une telle énergie s'est dégagée de ce premier colloque ! Chacune comprenait qu'elle n'était pas la seule à entreprendre la documentation scientifique de la réalité des femmes. On découvrait que des chantiers qu'on croyait inconnus étaient sur le point de donner lieu à des thèses de doctorat, à des publications. À l'issue de ce colloque, Jennifer Stoddart et Marie Lavigne ont fait le projet d'écrire une synthèse historique, projet auquel elles ont invité Michèle Jean et moi-même. Dès notre première rencontre, nous savions que cette aventure nous demanderait un travail de longue haleine. Nous décidions aussi que ce livre serait un collectif, comme tant de projets féministes de l'époque. Inscrivant la date de la réunion suivante dans son agenda, Jennifer a noté « Collectif Clio », dotant ainsi notre équipe de son nom emblématique, clin d'œil à Clio, la muse de l'histoire. Le titre de notre livre n'a toutefois été choisi qu'à la toute dernière minute, en 1982 : *L'Histoire des femmes au Québec depuis quatre siècles*. L'éditeur a refusé celui que nous proposions : *L'Histoire dite autrement*. Sage éditeur qui savait que le mot « femmes » devait figurer sur la page couverture ! Cette fois, la découverte des balises théoriques de l'histoire des femmes donnait lieu à des discussions fructueuses. Chacune de nous arrivait aux rencontres du Collectif Clio avec des piles de photocopies. Les théoriciennes américaines et françaises nous proposaient des aperçus insoupçonnés qui nous permettaient de proposer un cadre global pour situer l'histoire des femmes. Décidément, l'objet « femmes » n'était pas un objet comme les autres.

De son lointain Rimouski, Monique Dumais, ursuline féministe – une telle personne pouvait exister ! – publiait un ouvrage collectif pour établir une sorte de bilan de la réflexion multidisciplinaire au Québec. « Sages-femmes demandées », écrivait-elle dans son texte d'introduction à *Devenirs de femmes*.

C'est à sa demande, en 1981, que j'ai entrepris de faire la synthèse des réflexions qui avaient cours en histoire des femmes. J'ai tenté de faire le point sur la multitude d'articles qui encombraient désormais mon bureau de travail. Cédant à la mode universitaire, je me suis citée moi-même, comme on le verra, ainsi que mes collègues du Collectif Clio, qui étaient alors en pleine rédaction. J'ai surtout mis en relief l'importance du terme « femmes » au pluriel, critiquant en même temps mes écrits antérieurs où j'avais utilisé le singulier, « la » femme. C'est le titre de cet article qui est repris pour identifier le présent recueil. C'est à ce moment-là que j'ai découvert l'importance de concepts tels que l'égalité, la différence, l'oppression, la libération. Soudain, l'aphorisme de Simone de Beauvoir, « On ne naît pas femme, on le devient », prenait un sens dont la profondeur pouvait donner le vertige. Ce texte permet de faire le tour des principaux écrits théoriques en histoire des femmes au début des années 1980.

Découvrir la mémoire
des femmes

Dans une salle de cours comme les autres, un groupe d'étudiantes(ts) examinent des textes relatifs aux travaux de la Commission Dorion. La Commission des droits civils de la femme siégea à Québec de 1929 à 1931 pour réviser les chapitres du *Code civil* qui ont rapport aux régimes matrimoniaux. La Commission Dorion a étudié, entre autres, la question de l'adultère comme cause de séparation de corps. Voici quelques propos des commissaires sur cette question :

> *Il faut convenir que la faute morale est égale et que l'adultère est toujours une injure. [...] Psychologiquement et socialement, la distinction (entre l'adultère du mari et celui de l'épouse), malgré tout, continue de s'imposer. [...] Et même si l'on n'aperçoit pas toujours clairement pourquoi, l'on **sent** bien qu'il en est ainsi et qu'au fond l'**offense** n'est pas tout à fait égale. Elle ne l'est pas parce que c'est une faute qu'il y a avantage, pour tous, souvent de pardonner et qu'au cœur de la femme, le pardon est, **naturellement**, plus facile parce que, aussi, pour son esprit, la blessure d'amour-propre est moins cruelle*[1] *[...]*

Quel que soit le groupe d'étudiantes(ts), ce texte a toujours l'effet d'une bombe. Il peut certes conduire à une analyse systématique de la question des droits civils des femmes au Québec, donc à une meilleure connaissance de l'histoire des femmes. Mais il provoque aussi le scandale, scandale libérateur car il mène à une meilleure conscientisation de la condition féminine définie par une *culture* qui a été imposée aux femmes au nom de

---

1. « Nos régimes matrimoniaux », *La Revue du Droit,* vol. 8, 1931, p. 517-539. (Souligné dans le texte)

la *nature*. C'est pourquoi un cours sur l'histoire des femmes ne constitue pas un cours comme les autres. Car reconstituer, pour un groupe, une mémoire féminine, c'est le faire entrer de plain-pied dans la dynamique des mouvements de femmes ; c'est apprendre à questionner autrement le passé, et le plus souvent ensuite, le présent. L'histoire des femmes se retrouve donc souvent au cœur même de l'actualité. Et cela, non seulement par l'enseignement, mais aussi par la recherche.

1. La recherche en histoire des femmes

Lorsqu'en mai 1979, un groupe de femmes de l'UQAM a mis sur pied un colloque interdisciplinaire sur *La Recherche sur les femmes au Québec*, personne ne doutait de l'impact qu'un tel colloque aurait auprès de toutes les participantes. Ces participantes, on le sait, venaient à la fois des différents groupes militants et des universités. Or, au cours de ce colloque furent posés, de la manière la plus précise, les liens entre l'action et la recherche. L'une des organisatrices du colloque, Jennifer Stoddart, disait très clairement :

> *Nous savons que celles qui font de la recherche et celles qui l'utilisent n'ont pas toujours des vues identiques. Nous savons qu'on nous accuse, nous universitaires, et non sans raison, d'être loin du feu de l'action. Nous croyons cependant que la recherche est importante, voire essentielle, à la lutte pour la redéfinition de la condition féminine. Nous prévoyons que, au cours des prochaines années, la plupart des changements dans la condition féminine au Québec s'effectueront dans le cadre d'une action progressiste. Dans cette perspective, toutes les informations et toutes les connaissances [...] apporteront une contribution importante à la lutte des femmes* (Stoddart 1980 : 4).

Il me paraît toutefois intéressant de noter qu'à l'atelier consacré au passé collectif des femmes, la discussion se soit faite sur une tonalité différente de celle des autres ateliers. Comme le dit l'animatrice, Yolande Pinard, « L'atelier s'est déroulé dans un cadre plutôt académique, en ce sens que la présentation des exposés a été privilégiée par rapport à l'échange des points de vue entre les participantes. Le groupe de travail n'a pu, faute de temps, se tourner vers l'avenir et esquisser des perspectives de recherches. Il a néanmoins accompli un tour d'horizon complet du présent en traçant un véritable bilan de la recherche en cours (Pinard 1980 : 77). » Cet atelier a donc été le seul à n'avoir présenté aucune résolution et à n'avoir abordé aucune discussion de fond sur les liens entre la recherche et l'action.

Serait-ce à dire que la recherche en histoire des femmes se situe un peu en dehors de la réalité ? Serait-ce que les historiennes qui s'intéressent au passé collectif des femmes sont sans lien avec la situation présente ? Il est bien évident que non. C'est plutôt que le champ de l'histoire des femmes est le plus institutionnalisé au Québec, c'est celui qui a fait l'objet de plus de cours, d'articles scientifiques. Certes, la recherche en histoire des femmes peut sembler moins percutante. Elle n'en demeure pas moins indispensable car elle permet de révéler aux femmes la mémoire collective de leur passé, ainsi que la découverte d'une solidarité jusqu'ici ignorée. Entreprise redoutable s'il en est, face à la censure patriarcale du discours historique officiel et face à l'ampleur du champ à explorer.

2. Le présent suscite la recherche

Un groupe d'historiennes françaises vient de publier un ouvrage intitulé *L'Histoire sans qualité*. Ces historiennes ont accompli des recherches variées sur différents aspects de la condition féminine. Leur message est univoque. Les femmes ont agi, parlé, bougé dans le passé. Mais on les a fait taire. Mais on a oublié leurs paroles. Mais on a occulté leurs archives. Mais on a interprété leurs gestes et leurs paroles à travers une grille sexiste. Autrement dit, on les a amputées de leur passé. Ce passé, il est devenu urgent de le ressusciter.

C'est pourquoi, dans la production historique actuelle, un nouveau champ est en train de se développer. C'est celui de l'histoire des femmes. Il n'y a plus de congrès d'histoire sans atelier consacré spécifiquement à l'histoire des femmes. Les publications se multiplient à un rythme exceptionnel. On fait des thèses. On écrit des articles. On inaugure de nouveaux cours. On oblige même les ministères de l'Éducation à incorporer des chapitres sur l'histoire des femmes dans les programmes d'histoire traditionnels. Tout cela ne s'est pas fait par hasard. Il est bien certain que le fait qu'on s'intéresse davantage aujourd'hui à l'histoire des femmes est relié étroitement à un phénomène politique et social nouveau qui est l'ensemble des mouvements de femmes. C'est le présent, dans sa nouveauté, qui a permis de poser de nouvelles questions au passé, déclare Marie Lavigne :

> *Depuis ses débuts, la recherche dans ce domaine a été tributaire des préoccupations du mouvement des femmes, et c'est probable-ment ce qui l'a rendue si passionnante. Les questions posées à l'histoire sont celles que se posent les militantes qui font cette his-toire par leurs luttes quotidiennes, qu'elles soient travailleuses ou ménagères. Ce sont aussi les questions posées par des militantes qui ne cherchent pas seulement à comprendre le comment et le pourquoi de leur situation, mais aussi quelles leçons elles peuvent tirer de l'histoire pour transformer leur situation et transformer cette société qui les opprime* (Lavigne 1976 : 14).

Marie Lavigne va encore plus loin. Elle déclare : «Et c'est sûrement en restant liée au développement des luttes des femmes que la recherche saura poser les questions pertinentes au passé et que l'histoire des femmes évitera peut-être la momifica-tion qui atteint si facilement l'histoire (Lavigne 1976 : 14). »

On lit dans la plus récente encyclopédie française sur *La Nou-velle Histoire* :

> *Comme il arrive souvent, les nouveaux champs de la recherche se constituent à partir des interrogations que suscite le présent. Ainsi, des femmes en lutte ont-elles contribué à développer la curiosité pour leur passé collectif, ayant pris conscience que les silences de l'histoire étaient une forme de perte d'identité. Étroi-tement liée au mouvement des suffragettes, l'histoire du féminisme se penche naturellement sur un passé d'ostracisme de la vie publique, sur une histoire amnésiée par des archives écrites et constituées par des hommes sur des sociétés à prépotence mas-culine, à mentalité misogyne et à éviction légale des femmes* (Dauphin 1978 : 177).

Une historienne américaine, Hilda Smith, est encore plus radicale. Elle soutient que toutes les questions que l'on peut poser au passé doivent être issues d'une interprétation féministe, militantement féministe, de la réalité sociale, et que c'est à ce prix seulement que l'histoire des femmes que l'on restituera sera valable. Car il n'existe pas de matériel neutre sur l'histoire des femmes. Les sources, les livres, les archives sont sexistes, et seule une position critique inspirée par le féminisme peut permettre cette réintégration systématique. Clio, la muse de l'histoire, est maintenant libérée. Comme le disent les Américaines, à côté de *History,* nous avons maintenant *Her~story.*

Ainsi s'établit une dialectique entre le passé et le présent, dialectique qui permet aux historiennes de poser de nouvelles questions, de poser des questions nées de la conscience brûlante que les femmes découvrent progressivement de leur situation, des questions orientées en définitive vers une action qui prétend transformer la société globale.

Cette dialectique n'est pas sans piège. Elle n'est pas non plus sans difficultés. Je voudrais rapidement dresser un bilan de ces difficultés mais aussi des possibilités afin de montrer qu'en définitive l'histoire des femmes est un instrument de conscientisation remarquable, un outil de travail qu'il importe de répandre le plus tôt possible.

3. L'histoire officielle : histoire d'hommes

On ne surprendra personne en disant que les femmes ne font pas partie de l'histoire. En tous les cas, elles ne sont pas dans les livres.

> *Il y a bien sûr une explication bien facile à cela. Si on parle peu des femmes dans les livres d'histoire, c'est que ces livres reflètent les situations et les valeurs des sociétés ou des époques qu'elles expliquent ou qu'elles racontent. Comme les femmes y ont rempli des fonctions le plus souvent dévaluées socialement, ou y ont joué des rôles épisodiques ou marginaux, il ne semble pas inadéquat de les laisser dans l'oubli* (Dumont-Johnson 1975 : 421).

> *D'ailleurs, à quel statut historique peut-elle prétendre ? Ne se perd-elle pas dans la grisaille de la répétition du cycle, du geste quotidien, destin sans histoire par définition ?* (Dauphin 1978 : 176)

De plus, l'histoire a toujours été cela : une présentation privilégiée du discours masculin, c'est-à-dire une version du passé déterminée selon des catégories masculines, en vue d'une signification masculine. Carl Degler écrit : « Jusqu'à une date récente, l'histoire a été définie de manière telle qu'elle n'a inclus que les aspects de l'expérience humaine qui constituent l'activité des hommes : la guerre, la diplomatie, la politique, les affaires. C'est dans cette optique que les historiens de genre masculin ont choisi les critères de ce qu'ils ont fait entrer dans l'histoire (Degler 1975 : 5). »

Il y a mieux. Lorsque effectivement les femmes ont participé à l'histoire, soit parce que quelques-unes d'entre elles avaient participé au pouvoir, soit parce qu'à l'occasion de révolutions ou de toute autre circonstance elles avaient exercé une action collective, l'histoire officielle n'a guère retenu ces événements ou a laissé dans l'oubli les noms de femmes qui y avaient participé plus ou moins directement. Il y a de notables exceptions : Cléopâtre, Elizabeth I. Mais on en a vite fait le tour.

Je ne m'embarrasserai pas de compter le nombre de lignes qui sont consacrées aux femmes dans une synthèse d'histoire. Cela ne servirait qu'à valider plus profondément encore la pertinence du discours masculin. De plus, comme le souligne l'historienne Arlette Farge, il faut faire attention :

> *Voici l'histoire des femmes au « hit-parade » de l'Histoire : après tout, cela se vend ! Et « elles » ne diront plus qu'elles n'ont pas de place ! Cela ne me convient pas réellement : une place que l'on vous assigne est toujours une place contrôlée, un enclos dont on ne sort pas toujours indemne, un ghetto où il ne fait pas vraiment bon vivre. Si pour sortir de l'ombre, il faut se couler dans un espace démarqué à l'avance et apparaître sur les tables des librairies parmi tout l'éventail des minorités ethniques, nationales, religieuses et sexuelles, il est important de s'interroger sur les pièges de cette réhabilitation soudaine (Farge 1979 : 18).*

Au fond, dans les dernières décennies, le discours historique traditionnel a obligé les femmes à produire un discours historique parallèle, consacré spécifiquement aux femmes. En effet, si on s'intéresse à l'histoire des femmes dans les études historiques,

> *[…] c'est en tant que thème particulier. Il y a déjà un premier paradoxe à traiter d'une manière particulière un objet aussi général que celui qu'est la moitié de l'humanité. Mais, en même temps, on doit se rendre compte qu'on a présenté comme univer-sels des phénomènes qui sont vécus et pensés uniquement par des hommes. Double paradoxe donc, ce qui n'est pas sans poser des problèmes méthodologiques, voire épistémologiques* (Dumont-Johnson 1975 : 422).

Tout cela a pour conséquence que jusqu'ici l'histoire des femmes s'est trouvée aux prises avec des problèmes qui ne lui sont pas spécifiques, mais qui sont tout simplement suscités par la conception masculine de l'histoire.

4. La pratique de l'histoire des femmes

On a commencé à s'intéresser à l'histoire des femmes par l'étude des femmes dites éminentes. Ce genre, la biographie, est vraisem-blablement le plus caduc de tous. Tout d'abord, il se trouve tout simplement à renforcer l'idée que pour faire partie de l'histoire il faut être exceptionnel. De plus, la pratique du genre biographique a, très souvent, été contaminée par le style hagiographique. Que n'a-t-on pas écrit sur les « héroïnes » de la Nouvelle-France ? D'ailleurs, seules quelques femmes pouvaient accéder à être l'objet d'une biographie, car « la relative accessibilité des informa-tions touchant les femmes des classes dirigeantes et, par consé-quent, le plus grand nombre de recherches menées à partir d'elles sont intimement liées au contrôle quasi monopolistique de l'écri-ture et de la parole par les classes au pouvoir (Lavigne 1976 : 14) ».

C'est pourquoi, même dans l'entreprise récente de publier un *Dictionnaire biographique du Canada,* les femmes sont si peu nombreuses à y figurer. Le nombre de biographies de femmes varie de 3 % à 5 % de l'ensemble, selon les volumes. Au fond, ce genre est rempli de préjugés. Il nous apprend rarement du neuf.

La seconde manière de faire l'histoire des femmes a été de se consacrer à la lutte des mouvements féministes. Encore une fois, ce parti pris rejoignait un comportement masculin parce que l'histoire d'un groupe féministe militant était celle d'un groupe qui avait des comportements publics : meetings, discours, pressions, etc., parce que cette histoire suscitait un changement visible, une loi, un amendement. Cette histoire endossait également cette vision libérale de l'histoire, l'égalité des êtres humains, en marche vers le progrès… masculin. Enfin, elle pouvait facilement s'écrire, puisque les luttes féministes ont suscité de nombreuses écritures, *pro* ou *contra.* Tout cela laisse entendre implicitement que les femmes peuvent avoir une histoire, à proprement parler, seulement lorsqu'elles sortent de leur sphère assignée, et qu'elles entrent dans le monde des hommes, soit en s'y opposant, soit en y participant. Il est certes passionnant et important de reconstituer l'histoire des luttes féministes. Des livres comme ceux de Catherine Cleverdon, sur l'histoire du suffrage féminin, ou de Michèle Jean, sur les mouvements féministes québécois, sont des livres importants. Mais ils ne nous livrent qu'une petite parcelle de l'histoire des femmes, celle des groupes militants.

L'histoire des femmes a été également déterminée par une conception figée de la « nature féminine ». Très curieusement, cette nature a été définie soit comme étant intrinsèquement bonne, soit comme étant intrinsèquement mauvaise. C'est ainsi qu'un certain nombre d'histoires se sont construites autour du concept d'oppression : les femmes ont été victimes. L'ouvrage de Simone de Beauvoir en est un exemple. Ou autour du concept de contribution : les femmes ont accompli des merveilles. Deux classiques du genre : *Woman as Force in History* de Mary R. Beard, 1946, et *Histoire mondiale de la femme,* de Pierre Grimal, laissent entendre que le rôle des femmes a toujours été remarquable. Ces ouvrages prennent pour base l'histoire traditionnelle et se contentent d'y placer le plus grand nombre de femmes possible. Ce qui a donné des visions étroites de la réalité où, très souvent, l'argumentation l'emportait sur la documentation.

Ce discours historique, qu'il soit positif ou négatif, finalement reste uniquement de l'imaginaire. Il emprunte aux éléments ses principales dimensions. « Tantôt c'est la femme-feu, dévastatrice des routines familiales ; […] tantôt c'est la femme-eau, source de fraîcheur pour le guerrier, d'inspiration pour le poète ; […] tantôt c'est la femme-terre nourricière et féconde, plaine allongée qui se laisse pétrir et ployer, pénétrer et ensemencer (Perrot 1979 : 128). » Des ouvrages à l'allure historique, ainsi les ouvrages d'Albert Tessier, ont endossé ces définitions mythiques de la femme, tant il est vrai que le discours masculin les a intégrées comme allant de soi.

Une autre manière d'aborder l'histoire des femmes a été d'en faire, très curieusement, une section de l'histoire des idées, preuve s'il en est que les femmes n'existent que pensées (par les hommes de préférence !). Parce que, d'une part, ces théories, ces idées que l'on dissèque, que l'on analyse, jusqu'à quel point recouvrent-elles la réalité ? Et, d'autre part, ces idées que l'on « sémiotise » ou que l'on évalue, à quel point peut-on les assimiler au comportement de toutes les femmes, sans distinction de classes ? Certes, l'histoire des idées nous en a appris beaucoup sur le passé collectif des femmes, mais les méthodologies ont encore besoin d'être sérieusement raffinées pour rattacher les idéologies à la réalité quotidienne. À cet égard, le petit livre de Mona-Josée Gagnon, *Les Femmes vues par le Québec des hommes*, est révélateur d'une idéologie particulièrement misogyne qui a eu cours au Québec entre 1940 et 1970, mais ce livre fait l'économie d'une articulation de cette idéologie avec la réalité ambiante. Entre la complicité intéressée des femmes face à un discours imposé et la résistance tacite ou ouverte, il y a place pour de nombreuses positions intermédiaires qu'il est urgent de reconstituer.

Une dernière approche de l'histoire des femmes a été d'utiliser les techniques variées de l'histoire sociale. Il est significatif ici de noter un phénomène intéressant. Aux États-Unis, l'intérêt pour l'histoire des femmes a fini par sécréter une pratique globale de l'histoire sociale.

> *En marge de cette moisson, on peut deviner l'acte de naissance d'une histoire sociale jusque-là marginale aux U.S.A. En effet, massivement rebelle à la théorie marxiste, l'historiographie américaine n'a sans doute jamais fait autant d'histoire sociale que depuis la découverte du territoire féminin. Paradoxalement, et à l'inverse de la démarche française, c'est l'histoire des femmes qui accoucherait d'une véritable histoire sociale américaine* (Dauphin 1978 : 178).

On pourrait préciser cette affirmation en observant que c'est l'histoire de n'importe quel groupe minoritaire qui finit par susciter une histoire différente.

C'est sans doute dans le cadre de l'histoire sociale que la pratique de l'histoire des femmes est le plus passionnante car elle permet de redécouvrir l'histoire sous un jour entièrement inédit. Les contraintes méthodologiques ont obligé les historiennes à raffiner leurs enquêtes et leurs conclusions. Ainsi, on ne parle plus de « la » femme mais « des » femmes puisque les femmes sont des réalités et non pas des entités philosophiques (Johansson 1976). On explore systématiquement les caractéristiques de toutes les classes sociales et on scrute les aspects des rôles sociaux. De même, on se garde d'enfermer tous les hommes sous une seule définition univoque et globale pour toutes les périodes : la réalité historique a été plus complexe. On se tourne vers l'évolution de la sexualité (la reproduction biologique) et de la socialisation (la reproduction idéologique). On explore les relations entre les modes de production, les niveaux de vie, les mentalités et les traits culturels. Au fond, l'histoire des femmes permet d'introduire dans l'histoire tout court la variable des changements longs, lesquels, pour être moins visibles, n'en sont pas moins déterminants. Ainsi de l'apparition de la contraception qui ne peut être datée, mais qui recouvre un processus étalé sur plusieurs siècles.

Ici au Québec, quelques ouvrages, histoire juridique, démographique, économique surtout, ont jeté un peu de lumière sur le passé collectif des femmes. Il serait trop long de citer ici tous ces ouvrages. Signalons qu'ils concernent principalement le XVIIe siècle et le XXe siècle, laissant dans l'ombre deux siècles du passé des femmes[2]. Mais aucun livre de synthèse n'a réussi encore à rassembler toutes ces données en un ensemble cohérent[3]. Ces essais nous laissent plutôt entrevoir l'ampleur de la tâche à accomplir pour reconstituer intégralement un passé qui ne laisserait pas de côté, comme non signifiant, le rôle social,

---

2. Les articles les plus éclairants ont été réunis en volume. Voir Lavigne et Pinard 1977.

3. Un groupe de quatre historiennes travaille présentement à une telle synthèse : Marie Lavigne, Michèle Jean, Jennifer Stoddart et moi-même. La recherche que j'ai faite en 1968 (Dumont-Johnson 1971) est devenue passablement périmée, mais demeure la seule synthèse présentement disponible. (Note de 1981)

économique et politique des femmes, une synthèse qui mettrait en relief les liens intrinsèques du public et du privé.

5. À la recherche d'un cadre théorique

L'histoire des femmes du Québec reste donc encore à écrire. Pour cette entreprise, il est capital d'établir des prémisses valables ; un cadre théorique solide ; une périodisation qui soit pertinente à l'histoire des femmes et non pas simplement calquée sur l'histoire officielle ; une signification historique nouvelle, elle-même en fonction des rôles sociaux joués par les femmes.

La question fondamentale reste la suivante : sur quelle base les femmes partagent-elles une existence historique ? De toute évidence, l'identité sexuelle ne suffit pas. Comme on l'a vu plus haut, le point de référence peut être la situation actuelle, même avec ses contradictions, mais on doit prendre garde d'imposer aux périodes passées des concepts nés de l'analyse féministe, comme nous l'explique Linda Gordon. Ici, on doit convenir que ces concepts présentent tous des inconvénients.

Ainsi, l'idée d'« égalité » est étrangère aux diverses sociétés de l'Europe moderne ou médiévale. De même, l'idée de « sphère féminine », qui est apparue au XIXe siècle à la faveur de la révolution industrielle, est le fruit de la culture bourgeoise et ne constitue pas une réalité transposable dans les autres classes sociales. D'ailleurs, que n'a-t-on pas imposé aux femmes au nom de leur différence ? D'un autre côté, l'idée de *sujétion* est à la fois vague et ambiguë. Elle est vague parce qu'elle conduit à des analyses simplistes ; elle est ambiguë parce qu'elle peut impliquer la réalité d'une « caste féminine », ce qu'un examen rigoureux de la réalité oblige à contester puisqu'on retrouve des femmes dans toutes les classes de la société. Si l'on veut utiliser le concept de *sujétion*, il faut le faire avec beaucoup de raffinement et varier les hypothèses selon les époques, les groupes sociaux, les conditions de la vie courante, etc. Enfin, l'idée de *libération* mérite d'être réévaluée. Certes, la lutte féministe est un événement historique de plus de 150 ans (et certains auteurs la font remonter bien au-delà), mais il faut cesser d'analyser cette libération à travers la grille libérale démocratique. En effet, cette perspective oblitère le sens réel de la lutte car elle camoufle le statut d'infériorité conféré aux femmes. De plus, elle ramène souvent à des dimensions exclusivement politiques des problèmes dont les racines sont à la fois philosophiques, économiques et sociales (Gordon 1976). Ces quatre concepts, égalité et différence, sujétion et libération, mériteraient des analyses très fouillées.

Ces quelques notes ne prétendent que poser des jalons pour la recherche d'un cadre théorique qui satisfasse à la fois les exigences de la réalité historique et les bases de l'analyse féministe. C'est que le sens du mot *féministe* a changé. Il y avait, à l'origine, une relation qualitative entre le radical *fémin* et le suffixe *iste*. En effet, le féminisme apparu au XIXe siècle réclamait plus de droits formels pour les femmes afin de leur permettre de mieux jouer leur rôle spécifique dit « naturel » dans la société. Ce même mot de féminisme a désormais un sens plus révolutionnaire entre le radical *fémin* et le suffixe *iste*, c'est une contestation essentielle qui est exprimée. Le féminisme contemporain remet en question la définition culturelle du féminin et du masculin et cherche à identifier de quelle manière cette perception *culturelle* a été présentée comme *naturelle*. En conséquence, le féminisme contemporain dénonce l'idéologie de la sujétion des femmes et, par là, remet en question les sociétés dans lesquelles nous vivons. Il remet également en question les diverses modalités qui placent çà et là des femmes-alibis qui laissent croire que tout est possible, alors qu'au fond rien n'est changé.

Il est clair qu'il ne sera jamais possible d'établir un consensus pour un cadre théorique global qui servirait de base à l'histoire des femmes. Les nombreux bilans historiographiques qui se publient sont unanimes à le répéter (Lougee, Sicherman, Prentice). Après tout, on n'a jamais réussi à en définir un pour l'histoire tout court, et l'histoire des femmes prétend justement atteindre le même objectif : reconstituer intégralement l'aventure humaine, mais en incorporant de manière systématique pour toutes les analyses et tous les thèmes l'obligatoire relation entre les sexes. Car c'est toute la signification historique qui doit être changée et non pas seulement un chapitre marginal de l'histoire.

Joan Kelly-Gadol a exposé les conditions de cette réinterprétation dans un article intitulé « The Social Relation of the Sexes : Methodological Implications of Women's History ». Cet article a fait date dans la théorie de l'histoire des femmes. Après avoir repris l'idée fondamentale selon laquelle la relation entre les sexes est culturelle et non pas naturelle, elle en dégage trois idées directrices pour l'histoire des femmes.

D'une part, l'expérience des hommes ne pourra jamais se superposer à l'expérience des femmes dans l'analyse historique. Ainsi, trois moments privilégiés de l'histoire, la civilisation athénienne, la Renaissance et la Révolution française, se révèlent à l'analyse des périodes où la condition des femmes s'est trouvée diminuée, handicapée. De plus, les livres consacrés à certaines questions particulières, luttes nationales et sociales, entre autres, démontrent avec éloquence que les femmes ont été exclues des luttes collectives et que leur participation à ces luttes a été analysée selon un préjugé sexiste (Dufrancatel, Perrot 1979). C'est dire qu'il ne faudra plus se contenter de ces brefs paragraphes consacrés « aux femmes et aux enfants » dans les livres d'histoire.

D'autre part, l'analyse sociale doit déborder la simple description, fût-elle dialectique, des diverses classes sociales. Elle doit contenir obligatoirement, pour être valable, une mesure de la relation femme-homme dans une classe sociale donnée. Les femmes sont l'opposé social non pas d'une classe, ou d'une caste, ou d'une majorité (d'ailleurs les femmes sont en majorité) mais d'un sexe : les hommes. Ce concept doit devenir aussi fondamental que celui de classe ou de race dans l'analyse historique. Enfin, l'examen du changement social ne doit pas se contenter de mesurer les transformations de classe et de production. Elle doit de plus relier ces transformations aux changements de rôles sexuels qu'elles ont entraînés, et cela au niveau des idéologies, des mentalités, des institutions et des comportements. C'est pourquoi l'étude des processus de socialisation, notamment ceux joués par l'éducation, la presse, les médias, est si importante dans l'histoire des femmes. On se rappelle le mot de Simone de Beauvoir : « On ne naît pas femme, on le devient. » Ainsi, « l'histoire des femmes posée comme objet d'étude est immédiatement pensée comme un projet militant dont le propos est explicite : des femmes parlent sur des femmes, tentative de se réapproprier une histoire méconnue (Fauré 1979 : 98) ». Car savoir, n'est-ce pas déjà agir ?

6. L'histoire des femmes : un projet militant

Lorsqu'en 1968, on m'a demandé de résumer pour la Commission Bird une *Histoire des femmes du Québec*, je partais de loin. Après trois ans d'études en histoire et une thèse, je n'avais pour ainsi dire jamais étudié une seule question se rapprochant quelque peu de l'histoire des femmes. Mieux, je n'avais même pas songé que ce thème faisait partie de l'histoire. Ce fut une belle découverte ! Mais aussi une interminable série de questions malheureusement restées sans réponse. La porte était entrouverte. Il n'a plus été possible de la refermer.

Depuis ce temps, j'ai continué d'explorer quelques-unes des pistes qui s'offraient alors. J'ai mis sur pied un cours d'*Introduction à l'histoire des femmes du Québec* à l'Université de Sherbrooke et les travaux qu'on m'a remis attestent à quel point on se laisse mobiliser par la découverte du passé collectif des femmes.

J'ai de plus eu souvent l'occasion de m'adresser à des groupes de femmes : étudiantes, membres des cercles de fermières, collégiennes, femmes d'affaires, ménagères, etc. Il me paraît évident que la révélation de leur histoire est un choc pour les femmes et leur permet souvent de découvrir une solidarité qu'elles ne soupçonnaient même pas.

J'ai pu observer également que la recherche, en définitive, rejoint elle aussi l'action. Étudier les salles d'asile des Soeurs Grises au XIXe siècle, c'est donner à la question des garderies, si actuelle, des racines à la fois sociales et politiques puisque, dès le début du régime confédératif, la législature provinciale finançait ce genre d'institutions. Étudier l'histoire des revues féminines, c'est saisir à quel point le discours féminin est récupéré, encadré et téléguidé par les forces anonymes (masculines) du pouvoir. Étudier l'histoire du monde du travail, c'est mettre le doigt sur le ghetto des « cols roses ». Étudier l'histoire de l'éducation des filles, de la participation au syndicalisme, de la contraception, de la participation à l'Église…, toutes les questions, quand on s'y arrête, mènent à l'action parce que tout, semble-t-il, est toujours à recommencer.

Les féministes posent et reposent les mêmes questions tout en tentant d'échapper au destin de Pénélope. Elles tâchent de s'inscrire donc dans une histoire qui ne serait plus à refaire. Est-ce que ce n'est pas là un projet enthousiasmant ?

Chapitre 3

Dans les interstices de la grande histoire
1983

La rédaction du chapitre précédent avait exigé de nombreuses lectures théoriques, lesquelles avaient suscité une évolution intellectuelle stimulante. Par ailleurs, la publication, en novembre 1982, de *L'Histoire des femmes au Québec depuis quatre siècles* avait placé l'histoire des femmes au premier plan de l'actualité littéraire. Le livre rose, ainsi qualifié à cause de la couleur de sa couverture, avait été choisi « Prix du public » au Salon du livre de Montréal, et avait même figuré dans la liste des best-sellers.

On peut dire que le début des années 1980 représentait une nouvelle conjoncture pour l'histoire. D'une part, les avenues développées par la « nouvelle histoire » franchissaient les frontières de tous les départements d'histoire. La discipline s'était débarrassée des oripeaux patriotiques ou politiques qui la caractérisaient encore durant les décennies précédentes. Les membres de la corporation historienne préféraient même se tenir à l'écart des débats de l'actualité, car il ne fallait pas entacher la nouvelle objectivité acquise de dure lutte. La position des historiennes féministes leur semblait singulièrement suspecte, et on ne s'est pas privé de nous reprocher notre « petit doigt inquisiteur ». En même temps, l'histoire devenait progressivement un nouveau produit de consommation. La mode « historique » (films, séries, parcs, musées, patrimoine québécois) commençait le lent processus qui augmenterait en intensité à mesure qu'on avancerait vers la fin du siècle.

Toujours à l'affût des effervescences intellectuelles, la revue *Liberté* avait donc proposé à ses lecteurs un numéro thématique sur l'histoire. Le succès de librairie de *L'Histoire des femmes au Québec depuis quatre siècles* avait sans doute incité l'équipe éditoriale à interroger les historiennes qui l'avaient rédigée. Les autres membres du Collectif Clio ayant été retenues par des responsabilités extra-universitaires, c'est donc à moi qu'on a demandé de jeter un coup d'œil sur l'histoire des femmes.

Je ne voulais pas reprendre les réflexions déjà énoncées puisque, cette fois, je m'adressais aux intellectuels. L'invitation a donc été pour moi l'occasion de tenter de faire le pont entre la théorie générale de l'histoire et la théorie de l'histoire des femmes. Si la « nouvelle histoire » constituait le nouveau modèle de la pratique historienne, il fallait l'examiner sous l'angle des questionnements suscités par l'histoire des femmes.

Ce texte présente sans doute des difficultés de lecture. Je me demande encore pour qui je l'ai écrit, sans notes, multipliant les allusions presque sibyllines [1]. Le public de *Liberté* était-il assez familier avec la soi-disant nouvelle histoire pour décoder tous les noms mentionnés sans aucune référence ? Il faut dire que, dans le même numéro, François Ricard présentait ses « Confessions d'un profane passionné », se référant lui aussi aux ténors de l'historiographie française.

Ce texte est également nourri d'une réflexion sur le temps. La pratique de l'histoire des femmes nous avait appris que la périodisation traditionnelle ne convenait guère à notre propos. Plusieurs dates (1713, 1760, 1867, 1960) n'avaient pas de signification importante pour l'histoire des femmes, alors que des concepts comme société traditionnelle, révolution industrielle, idéologie domestique étaient liés de très près à la vie des femmes. Ce faisant, nous nous trouvions à rejeter les halètements de

---

1. Tous les auteurs cités dans ce texte appartiennent à la tradition historiographique française. Je ne les ai pas inclus dans la bibliographie puisqu'ils n'abordent presque jamais la réalité des femmes dans leurs ouvrages.

l'histoire politique, centrée sur les temps courts et à nous situer au contraire dans les lentes respirations de la longue durée. Si nous voulions faire comprendre la lenteur des changements qui transforment la vie des femmes, nous devions insister bien davantage sur les changements technologiques et les change-ments de mentalité – éléments de longue durée – que sur l'adop-tion de certaines lois ou les gestes de quelques héroïnes – éléments de changements rapides. Mais la lecture des principaux textes méthodologiques français nous indiquait aussi qu'il n'était pas aisé d'y percevoir la réalité des femmes, comme si les grandes théories continuaient de livrer un message très mas-culin. D'où le titre choisi pour présenter mes réflexions.

Histoire : mot féminin

J'envie les Américaines. En déclinant le mot *History,* elles ont tout de suite trouvé *Her-story,* rendant du même coup toutes les grandes synthèses historiques amputées, ou plutôt hémiplégiques. J'ouvre l'ouvrage de Gerda Lerner, *The Majority Finds its Past : Placing Women in History* (1979), et voilà, c'est là, tout ce que je voudrais dire. Mais qui suis-je pour le faire, moi qui ai étudié l'histoire, enseigné l'histoire si longtemps, sans me scandaliser ni m'émouvoir de l'absence des femmes ? Gerda Lerner, elle, à quarante-deux ans bachelière tardive, explique au comité qui lui demande pourquoi elle veut entreprendre des études supérieures en histoire : « Afin de rendre l'histoire des femmes respectable ». C'était en 1962 ! J'aimerais avoir eu cette clairvoyance.

J'essaie à mon tour de jouer avec le mot *Histoire* et je ne fabrique que des calembours qui semblent sans résonance.

Hisse-TOI ! Rrrr

Hist OIE re

Hi ! se taire !

Remarquez que tout cela vous démontre à quel point j'ai bien intériorisé les dispositions de la *nature* féminine : tenter de se hisser à l'égalité du sexe dit fort ; se faire traiter d'oie blanche ; se taire ; et surtout cette syllabe, TOI, qui me voue à l'altérité, qui nous voue à l'altérité. TOI, femme. La femme. *Toi qui deviens femme déjà*[1]. La femme, toujours confondue dans le singulier. *La*

---

1. Ouvrage de Fabienne Van Roy présenté aux adolescentes durant les années 1950.

femme éternelle[2]. Comme si le féminin ne se mettait pas au pluriel. Sauf dans l'expression : aimer les femmes, courir les femmes, *wine, women and songs*. Au singulier, objet d'un discours. Au pluriel, objet d'appropriation. Histoire de la femme. Un long discours sur la femme.

Les propos de ce discours ont changé à travers les âges, mais la femme y est toujours pensée, définie, dans des essais contradictoires : la femme victime, la supériorité naturelle de la femme, le premier sexe, le deuxième sexe, le sexe dangereux. « L'histoire, disait Valéry, n'enseigne rigoureusement rien car elle donne des exemples de tout. » La seule question vraiment intéressante et instructive – pourquoi choisit-on de faire ressortir telle ou telle ligne directrice ? – n'est jamais élucidée. Car seul commun dénominateur à ces ouvrages : la femme y est pensée ; elle n'existe pas. Ce qui permettrait d'arguer qu'elle n'a jamais été sujet de l'histoire.

L'histoire, disait-on, est née avec l'humanité. On sait aujourd'hui qu'il n'en est rien. Dès l'origine, l'histoire a été une entreprise de justification de l'ordre établi ; un discours d'homme ; un métier d'homme, utilisant surtout comme matériau l'écriture, si longtemps monopole masculin. L'exclusion des femmes dans le récit, dans l'explication, dans l'événement, dans l'interprétation a donc semblé naturelle. D'ailleurs, à quelle histoire les femmes pouvaient-elles prétendre ? Leur destin n'est-il pas figé dans la répétition et le quotidien ? Par ailleurs, quelques marginaux se sont plu à inventer le genre « histoire de la femme », simple variation du discours masculin sur la femme, expression de son désir, de ses craintes, de ses mythes, de ses phantasmes. De femmes réelles dans ces récits, point.

Voilà donc pour l'histoire. Mais une « nouvelle histoire » est née en 1929. Elle a ses pères (mais pas de mères), ses fondateurs, sa revue, ses théoriciens, son encyclopédie, ses vedettes et même ses succès de librairie. Au rythme trépidant des événements, elle oppose désormais les ondes majestueuses de la longue durée : l'univers mental qui intériorise une technique nouvelle, les familles qui se transforment, la peur, la mort, la vie, et les cycles

---

2. Ouvrage de spiritualité féminine de Gertrude Von Le Fort, datant des années 1950.

annuels du travail et des fêtes qui déterminent les mois où les enfants sont conçus, le climat, le paysage, le prix du pain. L'histoire, nous apprend-on, a délaissé les ornières de la politique et de la diplomatie. Elle a découvert les anonymes, donc les femmes. L'histoire des femmes. J'ai réouvert mes livres de théorie historique pour les passer au crible de l'existence du féminin. Marc Bloch : « L'objet de l'histoire est par nature l'homme, les hommes. » Lucien Febvre : « L'homme, mesure de l'histoire, sa seule mesure. Bien plus, sa raison d'être. » Puis, une génération plus tard, Paul Veyne : « Des événements vrais qui ont l'homme pour acteur. » On pourrait s'attendre à voir l'auteur de l'*Inventaire des différences* (Veyne) rapporter des destins féminins particulièrement significatifs. Mais, comme Veyne veut être compris, il choisit des exemples que tout le monde connaît : il parle de Louis XIV, de Jean sans Terre, de Pyrrhus, de Napoléon, des impôts, de la Révolution française, etc. Il cite toutefois comme exemple de permanence un trait commun aux matrones romaines enceintes : elles avaient des « envies » ! L'auteur, lui aussi, avait les siennes… inscrites dans un discours où la subjectivité masculine n'était pas absente. Et que dire de la méthode ? « L'histoire se fait avec des documents », disaient Langlois et Seignobos. « Quand il y en a », ajouta Febvre deux générations plus tard, ouvrant ainsi la porte à la nouvelle histoire. « Mais les textes et les documents, fussent-ils les plus clairs et les plus complaisants, ne parlent que quand on sait les interroger », précisa Bloch. « Dorénavant, il faut surtout apprendre à allonger le questionnaire, faire l'inventaire des différences », déclara Veyne. « Et se rappeler, de conclure Marrou, que l'histoire est inséparable de l'historien. »

Fort bien, messieurs. Il résulte de tout cela que tout est à reprendre à zéro, si on veut prétendre reconstituer l'histoire de l'humanité. Car on a toujours oublié le point de vue des femmes. Et même si on a déployé beaucoup d'astuce pour démontrer que ce point de vue était insignifiant, rien ne dit qu'il l'a été. Et avant d'en parler il faudra au moins le reconstituer et le connaître.

Le mot *homme* contient les hommes et les femmes, assure-t-on. On voudrait nous le faire croire. On pourrait même le croire. Des courbes sur le prix du pain, la corporation des historiens est passée à l'étude des niveaux de vie, au calcul des taux de fécondité, aux attitudes devant la vie, la mort. Shorter, cherchant à expliquer la naissance de la famille moderne, s'est mis à compter méticuleusement… les filles-mères. Tel article nous interpelle car il aborde une question inédite : les aspirations sociales des jeunes filles. Mais voilà que pour sa démonstration, l'auteur place en ordonnée les professions des pères, et en abscisse… les professions des maris ! Serait-ce que toute ambition propre dépasse ce qu'on attend d'une épouse ? Comment ne pas constater que toute cette entreprise est piégée par les instruments de recherche que nous utilisons, par le langage lui-même ?

J'ouvre des monographies « nouvelles ». Mandrou, sur l'évasion mystique au XVIᵉ siècle : « Cette exaltation a touché beaucoup plus les femmes que les hommes. Sensibilités *naturellement* plus vives, sans cesse meurtries par les années de longues guerres, elles se tournent vers la prière… » Duby, sur le redressement moral entrepris par l'Église du XVIᵉ siècle chez les ecclésiastiques : « Les guérir d'une double corruption : le goût des femmes *évidemment*… » Mais Duby, dans *Le Chevalier, la Femme et le Prêtre*, n'est pas dupe. Son ouvrage sur le mariage dans la France féodale se termine par cette phrase : « Il faudrait toutefois ne pas oublier parmi tous ces hommes qui seuls, vociférant, clamaient ce qu'ils avaient fait ou ce qu'ils rêvaient de faire, *les femmes.* On en parle beaucoup. Que sait-on d'elles ? »

On en sait maintenant un peu plus. Le sujet s'est déployé, glissé dans les interstices de l'histoire. Mais c'est curieux tout de même. Presque toutes les études qui font entrer les femmes dans le territoire de l'historien sont signées par des femmes : Natalie (Zemon-Davis), Marie (Lavigne), Gerda (Lerner), Martha (Vicinus), Elise (Boulding), Geneviève (Fraisse), Mary (Beard), Alison (Prentice), Michèle (Jean), Eileen (Power), Pascale (Werner), Arlette (Farge), Jennifer (Stoddart). Et pourtant, ce n'est pas curieux. C'est logique. « L'histoire est inséparable de l'historienne… » Les Américaines publient : *Clio's Counsciousness Raised, Liberating Women's History, Clio Was a Woman.* Les Françaises éditent *L'Histoire sans qualité, Pénélope : Pour l'histoire des femmes.* Au Canada, Naomi Griffiths publie *Penelope's Web.* Ici au Québec, le Collectif Clio écrit *L'Histoire des femmes au Québec depuis quatre siècles.* Clio, Pénélope. Est-ce par hasard ? Comme si les femmes, par la conscience que leur révèle «leur» histoire, tentaient d'échapper au destin de Pénélope dans une histoire qui ne serait plus à refaire. Avec l'équipe du Collectif Clio, j'ai entrepris de dire l'histoire autrement en tentant de tracer le fil conducteur de la vie des femmes en ce pays. Entreprise bien téméraire. Lecture différente de notre passé collectif, mais avec les instruments de recherche fournis par l'historiographie. Quelques réactions sont symptomatiques. On nous demande : Avez-vous parlé des infirmières rurales ? Du rôle des femmes dans les associations de consommateurs ? Avez-vous parlé des mères qui n'en pouvaient plus d'avoir tant d'enfants ? Des écoles normales ? Des femmes qui ont fait fonctionner seules tant d'entreprises ? Des Haïtiennes exploitées dans les usines de Montréal ? C'est que les gens ne sont pas dupes. Ils savent confusément que la vraie vie est toujours occultée dans les livres d'histoire. Et cela même dans les livres intitulés *La Vie quotidienne au temps de…* Ont-ils posé les mêmes questions aux historiens qui avaient écrit les autres livres d'histoire ? Et va-t-on encore qualifier de préoccupation féministe la recherche d'une vérité de cet ordre ? J'aime que les historiennes françaises aient publié *L'Histoire sans qualité.* Ce livre est beaucoup moins un aveu d'impuissance qu'un départ à zéro. Car les femmes ont été dans l'histoire. C'est le discours historique qui les a ignorées. Or, en révélant le destin des femmes, l'ambivalence, l'exploitation, l'inégalité, et surtout la permanence d'une condition, d'un rôle qui «va de soi», l'histoire a renforcé l'image collective que les femmes ont d'elles-mêmes. Le piège est bien dissimulé. Comment l'éviter ? Il ne suffit pas de dire ce qui a été si cette entreprise a pour conséquence de renforcer les définitions traditionnelles. Seule l'analyse féministe peut modifier la lentille de l'objectif.

Ainsi, les débats de fond de l'analyse féministe risquent de remettre en question bien des savoirs. Depuis que Simone de Beauvoir a écrit son fameux «On ne naît pas femme, on le devient», le débat nature/culture est au cœur de cette traversée des apparences. Les définitions de la nature et de la loi dite naturelle se sont modifiées au fur et à mesure des découvertes de l'anthropologie et de la psychologie, de la sociologie et de l'économie, traçant la voie aux théories relativistes et évolution-nistes des comportements humains. Ce débat, bien sûr, déborde largement la condition féminine. Mais c'est là justement que se situe le rôle joué par l'analyse féministe : ce débat n'aurait pas fait les progrès que l'on connaît si dans des centaines d'univer-sités, des femmes n'avaient pas commencé à poser d'autres ques-tions aux différentes disciplines. La science elle-même s'est révélée un jeu d'opinions ! En fait, le problème de l'inné et de l'acquis, car c'est de cela qu'il s'agit, n'est pas près d'être résolu.

Et le pouvoir, la hiérarchie, les privilèges, s'ils ne sont pas naturels, semblent inséparables de toute organisation sociale. Car il est beaucoup plus difficile d'assurer la vie d'un groupe que sa reproduction. Or, une lente mutation est en train de se produire : les hommes et les femmes ont commencé à se parler différemment, à envisager la vie collective différemment, à vivre ensemble. Cela ne « permet-il pas de penser que ce sera, non seu-lement l'histoire des femmes, mais l'histoire de toute l'humanité qui sera dite autrement ? » C'est la conclusion qu'a choisie le Collectif Clio en s'insérant avec optimisme dans une pulsation subversive de la longue durée.

Chapitre 4

Les pièges de la culture
1984

Au début des années 1980, la discipline historique, telle qu'elle s'exprimait dans les ouvrages théoriques, semblait donc peu touchée par la réflexion sur l'histoire des femmes. Il en était de même dans les autres disciplines. En 1982, la philosophe Louise Marcil-Lacoste, qui réfléchissait au concept d'égalité depuis plusieurs années, organisait un colloque interdisciplinaire sur « la situation de la femme ». Le titre même du colloque semblait anachronique à plus d'une. Depuis une décennie, les femmes se rebellaient contre ce concept, « situation », qui semblait les enfermer dans une réalité ontologique intouchable, et surtout contre ce singulier, « la » femme, que la plupart d'entre elles croyaient relégué aux oubliettes depuis des lustres. Mais cet agacement n'est pas près d'être résorbé. Vingt ans plus tard, à l'aube du XXIe siècle, on rencontre régulièrement des personnes qui parlent encore de « la » femme. Voilà une découverte de la pensée féministe qui n'est pas près d'être comprise !

Heureusement, ce titre malencontreux n'a pas découragé les participantes. De nouvelles pistes se dessinaient autour de mots anciens, soudainement chargés de signification subversive : identité, différence, égalité, rôle. Sarah Kofman, la philosophe française invitée à conclure le colloque, avait intitulé sa conférence « Les fins phallocratiques de Rousseau » (rien de moins !), et montrait finalement que le respect dû aux femmes, dans les écrits des philosophes, n'est le plus souvent qu'une manière de les tenir en respect.

J'avais été sensibilisée à la question du caractère androcentrique de la philosophie par l'ouvrage du psychanalyste Karl Stern, paru à New York en 1965 : *The Flight from Woman*. Traduit en français en 1968, sous le titre *Refus de la femme*, cet ouvrage proposait une interprétation de nature psychanalytique fascinante du parcours intellectuel de quelques philosophes. Il proposait l'hypothèse suivante : « L'excessive importance accordée à la technique et à la raison, le refus de ce que nous appelons "sentiment", faute de mot plus précis, s'accompagnent de crainte névrotique de l'accueil, de la peur de la tendresse et de la protection, et sont invariablement liés aux troubles des relations avec la mère (Stern 1968 : 18). » Par la suite, il décodait, à l'aide d'informations biographiques, les propositions théoriques de plusieurs philosophes, de Descartes à Sartre, dans une démarche intellectuelle qui les avait induits à refouler en eux le féminin et à proposer des systèmes de caractère androcentrique. Au milieu des années 1960, cette lecture semblait réservée au seul champ philosophique. Voilà qu'il était possible d'étendre la réflexion, de la délivrer de sa gangue psychanalytique et d'affronter le caractère socialement construit des idées et des systèmes de pensée.

Pour ma part, invitée à aborder la diversité des rôles sociaux, j'ai plutôt choisi de montrer comment l'histoire, avec ses instruments d'analyse traditionnels (les dates, les périodes, les concepts) constituait en fait un ensemble de pièges qu'il fallait éviter pour ne pas nous retrouver rapidement à notre point de départ. Cette démarche était également possible dans les autres sciences humaines, ce qui permettait justement de remettre en question le concept même de « rôles sociaux ». Je pressentais l'impasse théorique où nous conduisaient les concepts d'égalité ou de différence, d'oppression ou de libération, mais je n'arrivais pas à concevoir de quelle manière on pourrait construire un récit représentatif du vécu des femmes. Pour rédiger ma communication, je pouvais mettre à profit les longues discussions du Collectif Clio tournant autour de ces concepts et qui nous avaient servi pour une communication conjointe au congrès des Sociétés savantes de 1983 (Collectif Clio 1984). De nouvelles lectures avaient également enrichi ma réflexion, notamment le collectif international *Stratégies des femmes*, issu de trois rencontres tenues en France et aux États-Unis, à l'initiative de l'historienne américaine Carroll Smith-Rosenberg. Toute ma réflexion avait été sollicitée par le caractère androcentrique de la pensée universelle, *androcentrique*, mot tellement subversif qu'il ne figure même pas encore dans les dictionnaires. C'est pourquoi j'avais intitulé mon texte « Les pièges de l'histoire ».

Égalité et différence des sexes : les pièges de l'histoire

1. Apparition de l'histoire des femmes

Au début des années 1960, l'encyclopédie de la Pléiade publiait la bible des historiens : *L'Histoire et ses méthodes*. D'entrée de jeu, l'éditeur, Charles Samaran, nous situait dans la paradoxale réalité de cette discipline qui n'en finissait plus d'accéder, après plus d'un siècle d'efforts, au statut de science. Entre le « produit le plus dangereux que la chimie de l'intellect ait pu élaborer » de Paul Valéry et « la plus haute des vocations » de Marrou, « notre choix est fait, écrivait-il. Nous savons que l'histoire est une science difficile, condamnée à n'atteindre que par des chemins malaisés une vérité toujours relative. Nous savons aussi de combien de manières diverses on l'a comprise au cours des âges, chaque génération apportant sa pierre au temple grandiose et toujours inachevé de Clio. N'empêche que l'histoire est un besoin profond de l'humanité pensante et que, si elle n'existait pas, il faudrait l'inventer (Samaran 1961 : vii) ».

Ces déclarations paraissent aujourd'hui singulièrement désuètes. Car le bel édifice que l'on croyait en train de s'édifier (il était entendu que chaque génération d'historiens apporterait un étage nouveau, ou une aile adjacente, ou un revêtement plus moderne, marxiste de préférence), ce bel édifice donc s'est révélé tout à coup préparé par des architectes fort distraits puisqu'ils avaient oublié d'y inclure la moitié de humanité. Peu à peu s'est précisée l'évidence que la pratique de l'histoire avait mis de l'avant deux incohérences. D'une part, la question « femme », ou plutôt la question de « la » femme puisqu'on en a presque toujours parlé au singulier, lui conférant ainsi le statut d'objet, ne n'insérait dans l'histoire que comme thème particulier. D'autre part, on présentait comme universels des phénomènes vécus et pensés uniquement par les hommes. Les responsables de ce colloque ont d'ailleurs souligné la pertinence de rechercher, dans tous les discours scientifiques, les signes d'un sexisme savant ou sophistiqué afin de diagnostiquer s'il s'agit d'un sexisme ordinaire plus subtil ou s'il s'agit d'un phénomène plus fondamental. De sorte que même si la corporation toute masculine des historiens se gargarisait de sa conviction que toute connaissance est relative, elle ne se doutait pas que bien des certitudes seraient ébranlées lorsque des historiennes prendraient l'initiative de poser les femmes comme sujets de l'histoire.

« Pourtant le genre "histoire des femmes" a eu ses précurseurs », nous dit Cécile Dauphin à l'article FEMMES de *l'Encyclopédie de la Nouvelle Histoire*. « Un historique exhaustif le ferait remonter à Plutarque et aux multiples biographies de femmes, vertueuses, il va sans dire. Portraits édifiants hantés par la polémique sur la hiérarchie des sexes […]. Dans son mouvement d'ensemble comme dans ses contradictions, et malgré sa générosité, cette histoire-là reste discours du mâle, expression de son désir, de ses craintes, de ses mythes et de ses phantasmes (Dauphin 1978 : 177). » Ce type d'écrit, ce « genre littéraire », car c'en est un, se retrouve également dans les autres champs du savoir. Ruth Kelso, en 1956, dans son ouvrage *Doctrine for the Lady of the Renaissance*, énumère une liste de 890 textes, tous écrits entre 1400 et 1600 sur le seul objet de l'éducation des femmes ; ouvrages qui ont tous pour objectif de restreindre le rôle des femmes à leurs obligations maternelles et conjugales et de limiter leur accès au savoir. On trouverait vraisemblablement des exemples analogues dans la majorité des sciences humaines et même dans les sciences exactes. Même des théoriciennes féministes, telle Alice Rossi, proposent des réflexions teintées de biosociologie. On conçoit dès lors à quel point il est difficile de départager la part de la « culture » et de la « nature » dans l'ensemble des prescriptions qui ont défini les rôles sociaux des femmes, les principales intéressées étant, à toutes fins pratiques, empêchées de participer au débat qui les concernait.

Un nouveau champ du savoir est donc apparu, l'histoire des femmes, qui allait plus que les autres champs du territoire historique mettre en pratique l'interdisciplinarité. Car les femmes, semble-t-il, n'avaient pas laissé d'archives. En tous les cas, les historiens n'en trouvaient pas, n'en voyaient pas, n'en cherchaient pas. Et quand ils en trouvaient, ils les interprétaient à travers les archétypes de la femme imaginaire, comme l'a montré, par exemple, Christiane Dufrancatel dans son analyse du mouvement ouvrier français de la fin du XIXᵉ siècle. Quand on a persuadé une moitié de l'humanité qu'elle n'avait pas de destin personnel à assumer mais une fatalité à vivre, comment pourrait-elle accéder à ce qu'on appelle la conscience historique ?

2. L'histoire et l'interdisciplinarité

Les historiennes ont donc mis à profit les acquis de l'anthropologie, de la littérature, de la sociologie, de la démographie, de la psychologie. Mais les problèmes n'ont pas été résolus pour autant puisque toutes ces disciplines faisaient largement usage, elles aussi, d'un vocabulaire sexiste, de concepts sexistes, d'une perspective androcentrique, d'une méthodologie unidimensionnelle et d'une grille d'interprétation sexiste (Eichler 1983). On pourrait constituer ici un dossier impressionnant. Je me contenterai d'abord de quelques exemples. Ainsi, en psychologie, Kohlberg élimine les petites filles de son échantillon, dans son étude sur le développement moral, parce qu'elles « faussent » ses résultats (Noël 1984). Les exemples de l'anthropologie sont encore plus frappants (Gossez 1982 : 4). Voyez au *Petit Robert* les définitions du matriarcat et du patriarcat. Seul ce dernier terme infère la question du pouvoir. En sociologie, la question des classes sociales a occulté presque toutes les autres analyses. Nicole Laurin affirme, dans un texte de 1983 : « La relation entre les classes sociales et les groupes fondés sur le sexe demeure un problème sociologique non résolu (Laurin : 361). » Évidemment, ses collègues masculins sont persuadés du contraire. Les démographes infèrent directement de leurs savants calculs l'attitude générale des populations « face à la contraception par exemple, des taux de fécondité, de naissance hors mariage, ou de nuptialité, comme s'il y avait une adéquation entre les réponses institutionnelles des femmes – le mariage – et leurs comportements amoureux et sexuels. Comme si les femmes disaient tout ce qu'elles font et faisaient tout ce qu'elles pensent (Bonnet 1984 :

364) ». Mais les femmes interrogent autrement leurs statistiques. L'une d'elles, Marie Lavigne, conclut : « L'utilisation des moyennes, ramenant l'histoire des femmes à une histoire de "la femme moyenne", a faussé notre perception de l'histoire, perception qu'il sera important de réajuster en développant des études basées sur des méthodologies qui permettront de mieux saisir les changements historiques vécus par les divers groupes de femmes (Lavigne 1983 : 337). »

Dans cet examen de la pratique de l'interdisciplinarité, je voudrais insister davantage ici sur les approches multiformes de la création littéraire et artistique, de concert avec les œuvres de création. La littérature universelle a d'abord imposé des récits, des personnages, des situations. L'histoire savante a replacé ces récits, ces personnages, ces situations en contexte, les a éclairés de perspectives nouvelles. L'archéologie a démontré la réalité historique des mythes : Schliemann, Evans, Marinatos et tant d'autres ont révélé les tombes, les villas, les palais. Colin Renfrew a posé les bases d'une théorie du déclin des civilisations primitives. La Rome impériale s'est reconstruite en maquette. Le Moyen Âge, naguère symbole de ténèbres et d'obscurantisme, s'est illuminé. La Renaissance, l'Amérique précolombienne, les empires asiatiques ont fait apparaître leurs trésors. Des collections prestigieuses, des techniques de reproduction presque parfaites ont permis aux amateurs (et aux amatrices, n'en doutons pas) de vivre en familiarité avec ces images venues d'un autre âge. Et comme si les artéfacts des siècles passés ne suffisaient pas à nous émouvoir, le cinéma est venu donner vie aux fresques, aux légendes, aux manuscrits, aux multiples témoins des siècles passés.

Qui dira le rôle puissant joué par le cinéma ? Le film suédois *Les Immigrants*, en trois heures, nous fait saisir la réalité historique de l'émigration vers les États-Unis au XIXe siècle. Dans *Le Retour de Martin Guerre*, Natalie Zemon-Davis a signé l'authenticité historique du moindre ustensile de cuisine. Ces deux films nous montrent, semble-t-il, l'histoire telle qu'elle a été. Mais le cinéma ne sert-il pas, lui aussi, la vision masculine du passé ?

Dans le film *Les Troyennes*, Andromaque est confrontée à la mort de son fils. Elle pousse un cri déchirant qui constitue un des points culminants du film. Le cri, en réalité, a été poussé par Vanessa Redgrave. On peut toutefois penser qu'il a été commandé à la comédienne par Cacoyannis, le réalisateur, qui avait pour interpréter le personnage d'Andromaque, mère éplorée, les textes de Racine, de Virgile, d'Euripide et d'Homère. Dans cette scène, l'histoire des Troyennes nous paraît d'autant plus réelle que l'on a la garantie de l'authenticité des décors, des reproductions de costumes ; que le cinéaste est un artiste et la comédienne bouleversante (ce cri vient de ses entrailles, cela est certain) ; et que quatre génies (masculins, cela va sans dire) attestent de l'authenticité du sentiment exprimé. L'écheveau de l'épopée, du théâtre, de la poésie, de l'histoire, de l'archéologie et du cinéma est ici inextricablement tissé. Tous ces éléments se sont entremêlés l'un dans l'autre depuis des millénaires.

Et si l'on appliquait à cette scène quelques interrogations subversives ? Nous sommes en pays méditerranéen où l'on a ritualisé le rôle des pleureuses. Ce cri était-il prescrit ou spontané ? Andromaque est reine, épouse, esclave et mère. Auquel de ses quatre rôles doit-on attribuer son cri ? Qui nous garantit l'amour d'Andromaque pour Hector sinon les écrivains qui nous en parlent ? Andromaque a-t-elle été violée ? Est-ce qu'au fond tout n'est pas éminemment suspect ? Notre manière d'examiner la réalité historique n'est-elle pas emprisonnée par les normes masculines imposées à l'humanité ? On définit l'histoire des mentalités de la manière suivante : « étude du jeu entre les conditions de vie des hommes et ce qu'ils s'en racontent ». Définition redoutable s'il en est, compte tenu du silence imposé aux femmes et de l'occultation de leurs paroles. Quelle Andromaque a laissé le récit de l'assassinat de son fils ? Quelle Iphigénie a transmis son acceptation de l'holocauste ? Quelle Antigone a formulé sa révolte ? Quelle Messaline a raconté ses délires ? Quelle Yseult a prononcé ses serments d'amour ? Quelle Béatrice a raconté sa descente aux enfers ?

N'est-il pas vrai que toutes les femmes de la littérature universelle se sont exprimées par la voix des hommes ? Nous avons l'impression que les femmes peuplent les chefs-d'œuvre de la littérature et de l'art. Mais ne nous y trompons pas. Même remises en contexte, elles n'expriment pas la voix des femmes. Même vêtues des costumes authentiques révélés par l'archéologie, elles ne sont pas réelles.

Cette affirmation ressort d'autant plus vivement quand on considère le traitement qui a été fait aux textes effectivement écrits par des femmes. Dans l'esprit de plusieurs, ces écrivaines ne portent-elles pas, à l'instar de Germaine de Staël, « le deuil éclatant du bonheur ? » Ouvrons le manuel de littérature de Lanson, parlant de Christine de Pisan : « la première de cette insupportable lignée de femmes écrivains… ». Je vous renvoie de nouveau au *Robert*. Cherchez Sartre et Beauvoir. Vous y découvrirez que l'une n'existe pas sans l'autre mais que la réciproque n'est pas vraie.

Une historienne se demande à juste titre : « Pourquoi n'avons-nous pas réussi à révolutionner cette discipline de l'intérieur, c'est-à-dire finalement à y inscrire une différence sexuelle qui soit autre que la redécouverte des rôles et des fonctions sexuelles historiquement codifiés par les sociétés masculines ? […] Qu'est-ce que c'est l'histoire quand on est une femme et de quelle façon participons-nous, ou pas, aux processus historiques ? […] L'histoire des femmes ne commence-t-elle pas quand l'une d'entre elles rompt le cercle infernal […] quand elle transgresse l'histoire des hommes et ses lois ? (Bonnet 1984) » Oui, il semble bien que les femmes ont eu raison de se méfier de l'histoire déjà écrite et de procéder à leur propre entreprise d'établir l'histoire des femmes.

3. La pratique de l'histoire des femmes

J'ai décrit plus haut les principales avenues utilisées successivement par les historiennes pour constituer ce nouveau secteur de la recherche historique : biographies des femmes éminentes ; histoire des luttes féministes ; histoire des contributions féminines ; histoire de l'oppression des femmes ; histoire du discours sur « la » femme ; histoire des cycles de vie. Chacune de ces approches a ses mérites et ses lacunes et le pendule de l'historiographie féministe entame en ce moment la révision de ses premières prises de position. Un seul exemple pourra l'illustrer. La biographie des femmes célèbres, genre pratiqué en premier, a été critiquée parce qu'elle laissait entendre que les femmes ne peuvent figurer dans l'histoire que lorsqu'elles sortent de leur sphère assignée et qu'elles endossent les modèles masculins. Mais voici qu'on réécrit les biographies de femmes célèbres selon une perspective féministe : Sarah Bernhardt, Marie Curie, Emily Brontë et tant d'autres ! Voici qu'on sort de l'ombre des femmes qui auraient dû devenir célèbres : Hildegarde de Bingen, abbesse du XIIe siècle, Suzanne Valadon, peintre ; Fanny Mendelssohn, compositeure, Camille Claudel, sculpteure ; Alice Guy, cinéaste ; toutes les femmes conviées au *Dinner Party* de Judy Chicago !

Des textes inconnus sortent de l'ombre, qui avaient échappé à tous les commentateurs.

> *Seigneur de mon âme.*
>
> *Quand Tu es passé sur cette terre, Tu n'as point eu horreur des femmes ! Bien au contraire ! Tu leur as accordé tes grâces avec beaucoup de miséricorde !*
>
> *D'ailleurs Tu as trouvé en elles autant d'amour et plus de foi que chez les hommes ! N'y avait-il pas, parmi elles, Ta très Sainte Mère ?… Est-il croyable que Tu n'écoutes pas cette prière que nous T'adressons !*
>
> *Cela, Seigneur, je ne peux le croire ! Il y va de Ta Bonté et de Ta justice ! Ah ! Toi Seigneur, Tu es le Juge ! Tu n'es pas comme les juges de ce monde !*
>
> *Il est vrai qu'eux sont des fils d'Adam ! Car en fin de compte, tous ces inquisiteurs sont toujours des hommes !*
>
> *Alors, bien sûr, pour eux, toute vertu féminine devient chose suspecte !*
>
> *Fort bien ! Mais je suis sûre, Ô mon Roi, qu'il viendra le Jour où l'on verra bien ce qu'ils valent tous ces beaux messieurs [1] !*

Croira-t-on que ce texte a été écrit au XIVe siècle par Thérèse d'Avila ?

Par ailleurs, une autre révision, presque paradoxale par rapport à la précédente, est en cours. Dans un premier temps,

---

1. Thérèse d'Avila, citée dans *Missel Emmaus. Lectionnaire de semaine*, vol. 11, p. 79.

plusieurs historiennes avaient fait ressortir des traits positifs des périodes passées. Aux États-Unis, la période coloniale était considérée comme positive (Hymowitz et Weissmann 1978 : 7-39). En Europe, le Moyen Âge faisait figure d'époque bénie. Les romans de Jeanne Bourin, notamment *La Chambre des dames,* ont d'ailleurs joué un grand rôle dans cette perception.

Notons ici, au passage, la force persuasive du roman et du cinéma pour propager cette idée. J'ai moi-même prononcé des couplets louangeurs sur la situation des femmes en Nouvelle-France. Les lectrices, semble-t-il, appréciaient de savoir que ça avait peut-être été mieux avant. Et on pouvait toujours croire qu'à l'aube de la civilisation, l'humanité avait connu l'ère heureuse du matriarcat. L'influence du marxisme a été déterminante pour fixer plus profondément cette impression. L'avènement du capitalisme, en transformant la production, les moyens de production, la famille, la science, les codes de lois, le concept de citoyen, avait entraîné tant de calamités dans la vie des femmes, qu'on se convainquait facilement que c'était bien mieux avant.

Ce point de vue est en ce moment contesté de deux manières. D'une part, on n'a pas eu de mal à démontrer qu'il n'y avait jamais eu d'âge d'or pour les femmes, du moins en période historique, et qu'en général les situations positives n'étaient le fait que d'une classe privilégiée. Quant à la croyance en l'existence d'un matriarcat primitif, elle a encore très bonne presse, même si les théories anthropologiques font remonter la subordination des femmes à la nuit des temps (Kirsch 1977). D'autre part, des historiennes font valoir que, sous le joug de conditions socio-économiques données, hommes et femmes étaient soumis à des contraintes analogues, et que par conséquent on avait tort de s'apitoyer sur le seul sort des femmes.

Pour tout dire, quelles que soient les révisions en cours, l'histoire des femmes a du mal à procéder aux « ruptures épistémologiques » ou à créer les « nouveaux paradigmes » qui lui permettraient de sortir de l'ornière d'une trompeuse complémentarité. « On voit les femmes tenter, sans relâche, de rendre légitimes, à la fois et en même temps leur(s) différence(s) et leur exigence d'égalité. On les voit […] tenter de sortir du piège où l'on veut, encore aujourd'hui, enfermer les féministes et les femmes en général : celui d'avoir à choisir entre, d'une part, le statut de citoyenneté, la revendication des droits universels associés à une assimilation trompeuse, et, d'autre part, la reconnaissance de leur droit à la différence, associée aux réalités, toujours reliées à une infériorisation, de la différence des sexes dans la société[2]. »

4. Les pièges de l'histoire des femmes

En histoire des femmes, s'il est relativement aisé d'établir une nouvelle périodisation, de proposer des interprétations féminines ou féministes des phénomènes passés, d'axer l'histoire des femmes sur l'histoire des anonymes, sur les gestes effectivement posés par les femmes selon les rôles sociaux qui leur sont culturellement assignés, il est plus malaisé de faire en sorte que cette *nouvelle* histoire s'intègre à l'ancienne. Elle se trouve toujours, au bout du compte, à côté, en deçà, en creux, en blanc, en rose, ramassée dans des chapitres spéciaux, coincée dans un index (entre *fédération* et *ferme*) et, comme le dit Arlette Farge, dans une place assignée, donc contrôlée (Farge 1979).

Quel que soit le cadre théorique adopté, la recherche en histoire des femmes aboutit souvent à mieux documenter encore la réalité que l'on veut dénoncer. « En révélant le destin des femmes, l'ambivalence, l'exploitation, l'inégalité, et surtout la permanence d'une condition, d'un rôle qui "va de soi", l'histoire a renforcé l'image collective que les femmes ont d'elles-mêmes (Dumont 1983 : 32). » Ce piège grossier peut être évité par la perspective féministe. D'ailleurs, l'histoire des femmes se révèle un puissant catalyseur d'une prise de conscience féministe, ainsi que plusieurs historiennes en ont fait l'expérience.

Sur le plan théorique, on peut ramener à quatre les problématiques qui ont été utilisées en histoire des femmes : l'égalité, la différence, la subordination/oppression et la libération. Comme je l'ai expliqué plus haut, ces quatre concepts ne peuvent être utilisés systématiquement pour expliquer toute l'histoire des femmes. Ce serait sans doute illusoire et on peut penser que cette

---

2. Le comité de rédaction, « Préambule », *Stratégies des femmes,* Paris, Tierce, 1984, p. 11-12.

quête de pouvoir s'avère tout aussi redoutable que celui que nous dénonçons comme patriarcal. Le risque, en tous les cas, demeure en ce moment hautement spéculatif.

Le concept d'égalité, dont l'examen critique nous réunit ici, suscite une problématique de moins en moins opérationnelle. À la base, on trouve la conviction que la réforme des institutions démocratiques assure la marche d'un progrès social pour l'ensemble des individus. Toutes les histoires du féminisme et les théories féministes dites « réformistes » empruntent cette problématique Comme l'explique Gayle G.-Yates, cette analyse pose le modèle masculin comme standard de base et se calque presque essentiellement sur les stratégies adoptées par les hommes pour provoquer le changement souhaité. On peut peut-être affirmer au contraire que « nous sommes dans une position privilégiée pour démontrer qu'il existe une problématique autre de l'évolution, un devenir des femmes qui remet en cause les notions mêmes de changement social, déterminisme et progrès historique (Bonnet 1984) ». Au siècle dernier, la saint-simonienne Suzanne Voilquin pensait que « l'égalité des sexes, en féminisant la société, en dégagerait l'inconnu[3] ». Aujourd'hui, « le principe est acquis, mais l'inconnu est toujours à notre porte, au seuil du visible et de l'invisible (Bonnet 1984 : 372) ». Je m'en voudrais de ne pas signaler ici un article pénétrant de Geneviève Fraisse, « Droit naturel et question de l'origine dans la pensée féministe au XIXe siècle », sur cette question passionnante. Il m'apparaît que toute ambition d'égalité restera illusoire tant que se maintiendront aussi fermement les prescriptions déterminantes des rôles sociaux dits « traditionnels ».

La problématique de la différence a suscité beaucoup d'enthousiasme. Chez les premières féministes d'abord, au XIXe siècle, qui voulaient régénérer la société : nous voulons des droits pour mieux exercer nos rôles d'épouses et de mères. Cela leur a été reproché, par la suite, évidemment, comme un signe d'aliénation et de soumission. Mais le concept de différence a inspiré également les nouvelles féministes, même celles qu'on a qualifiées de « radicales ». Car elles opposaient, au standard

---

3. Suzanne Voilquin, *Souvenirs d'une fille du peuple*, 1865. Réédité chez Maspero en 1978.

masculin, un autre modèle ; car elles exaltaient la féminitude ; car elles identifiaient dans la différence du corps la source de l'oppression spécifique des femmes, à leur lutte : le contrôle de la fécondité, l'autonomie, la dénonciation de la violence, la mise en accusation de la famille et du capitalisme.

On constate dès lors le paradoxe d'un concept qui sert tout à la fois à dénoncer et à exalter la maternité et la fécondité, la famille et la gratuité du travail. Les historiens et les historiennes ont d'ailleurs documenté *ad nauseam* la ségrégation des sexes, l'enfermement des femmes : le gynécée, le harem, l'atrium, le couvent, le cloître, le boudoir, le salon, la cuisine ; souligné également la piètre performance des femmes dans les divers lieux de la création artistique et scientifique.

L'enfermement est-il lié à la maternité, à l'absence de mobilité qui, dès lors, leur serait dictée ? Mais au contraire, les femmes n'ont-elles pas toujours travaillé autant sinon plus que les hommes à la subsistance des sociétés humaines et ce, en dépit de leurs responsabilités maternelles (Kirsch 1977 : 22) ? À la base de cette interrogation, on reconnaît le sempiternel débat nature/ culture que la sociologie de la connaissance a bien du mal à évaluer objectivement. Et je citerai ici, pour ne pas répéter encore une fois l'aphorisme beauvoirien, un sociologue aussi irritant qu'intelligent, Claude Alzon : « Si les sexes sont porteurs, à la naissance, de différences psychiques, ce qui n'est pas prouvé, la culture a bel et bien le pouvoir de les effacer (Alzon 1978 : 312). » De toutes manières, il est certain que la référence à la nature comme explication des différences est une question secondaire. « Les historiens doivent accepter que les identités de genre et les rôles que les sociétés assignent aux hommes et aux femmes sont des faits historiques qui exigent des analyses historiques », affirme Elizabeth Fox-Genovese. La problématique de la différence se révèle donc très féconde à cause des analyses inédites qu'elle autorise.

La problématique de la subordination ou de la domination, ou de l'oppression (les débats de vocabulaire foisonnent) a donné lieu à tant d'analyses variées que je déclare forfait : je ne tenterai certes pas de résoudre ici les contradictions de ces analyses. « Les femmes deviendraient-elles la moitié du ciel, écrit

Nicole Laurin, qu'il serait toujours pertinent de rappeler de temps à autre qu'existent les classes sociales de même que l'exploitation et la domination de classe auxquelles les femmes sont aussi soumises (Laurin 1983 : 361). »

C'est toutefois à l'intérieur de cette problématique que les historiennes ont pu mener les recherches les plus fructueuses, tout comme leurs collègues des autres sciences humaines. C'est d'ailleurs cette problématique qui a assuré la mise au rancart de LA femme, dans tous les titres des travaux.

Si j'analyse la démarche du Collectif Clio dans *L'Histoire des femmes au Québec depuis quatre siècles*, je constate que

> *[…] nous avons rejeté le concept d'oppression qui, selon nous, laisse dans l'ombre de nombreuses dimensions de la vie des femmes et en particulier, des modes de valorisation et d'exercice de pouvoirs différents. Par contre, nous avons retenu le concept de domination qui caractérise la situation des femmes, ainsi que celui de dépendance que nous pourrions juxtaposer à la « marche » vers l'autonomie. Nous avons donc voulu, dans un premier temps, documenter la relation entre les sexes, en tant que construction sociale, et par rapport aux supposées prescriptions de la « nature ». Nous avons également examiné la problématique du pouvoir en distinguant le pouvoir de décision et le pouvoir d'influence. Alors que le pouvoir de décision n'a jamais appartenu aux femmes au niveau de l'État, il est arrivé des conjonctures où, ayant besoin des femmes, le patriarcat leur a accordé un certain type de pouvoir à l'intérieur de certaines structures sociales. Selon les conjonctures, la réalité domination/dépendance s'est donc jouée de façon différente, mais il nous a semblé que les femmes ont généralement eu quelques parcelles de pouvoir même dans la dépendance* (Collectif Clio 1984 : 27).

Tous les travaux significatifs en histoire des femmes ont à un point ou l'autre de leur développement utilisé le cadre théorique de la domination.

Quant à la problématique de la libération, elle est malaisée à circonscrire théoriquement. Son argumentation de base prête flanc à la critique pour plusieurs raisons. D'abord, toutes les démarches de libération ne sont pas linéaires. Surtout, ce concept de libération s'attache souvent à des stratégies politiques, laissant dans l'ombre les racines des problèmes, racines difficiles à affronter parce qu'elles affectent la pensée et les structures mêmes de la société. Notons ici que ce concept fait un couple avec le précédent (domination) comme les deux premiers termes d'égalité et de différence s'opposaient entre eux. Le Collectif Clio a proposé la démarche suivante :

> *La lutte des femmes aurait commencé au moment où la domina-tion a engendré une discrimination trop manifeste. Cette lutte, à la fois action et réflexion, est donc une prise de conscience de la part des femmes de leur savoir/être et de leur savoir/faire spéci-fique, et par le fait même, de l'occultation de ces deux dimensions, dans la connaissance collective du passé. C'est pourquoi les histo-riennes pointent du doigt la mémoire sexiste de la société qui n'a retenu dans son objectivité que l'action du sexe dominant et que l'action de la classe dominante* (Collectif Clio 1984 : 27).

Dans cette perspective, la problématique de la libération a suscité beaucoup d'études intéressantes, notamment sur l'émer-gence d'une parole des femmes, dont l'effet conscientisant est manifeste. Certes, le mot *libération* est souvent galvaudé et sur-tout appliqué à des détails superficiels. Mais cette problématique a l'immense mérite d'opposer une contrepartie à la dénoncia-tion. C'est également une perspective essentiellement mobili-satrice.

Rosa Luxemburg écrivait : « La liberté, c'est la liberté de penser autrement. » Les premières féministes ont osé revendi-quer des droits en dehors de la sphère privée mais au nom de leur rôle dans la famille. Dans un premier temps, cette stratégie leur a été reprochée. Mais des historiennes procèdent en ce moment à la réévaluation de leurs écrits et de leurs actions selon des grilles d'analyse nouvelles souvent polarisées autour du concept de libération. Le livre collectif *Stratégies des femmes* en présente plusieurs et cette publication que j'aurais aimé citer plus longuement témoigne d'un échange international fort sti-mulant. Les recherches des théologiennes sont également orien-tées dans la perspective théorique de la libération.

* * *

Le mot *histoire*, comme vous le savez, a deux sens. Il désigne le cours du temps, l'évolution de l'humanité, et on peut alors l'écrire en majuscules. Mais il désigne également la connaissance que nous en avons, et il s'écrit dès lors en minuscules. Une nouvelle vision de l'HISTOIRE peut-elle être produite par l'histoire des femmes ? Une nouvelle pratique de l'histoire peut-elle apparaître des bouleversements actuels de l'HISTOIRE ? Une nouvelle signification de l'histoire et de l'HISTOIRE peut-elle émerger de l'insertion de l'histoire des femmes dans l'histoire ?

C'est ce que l'écrivaine Elise Boulding avance dans son magistral ouvrage *The Underside of History. A View of Women Through Time*. Au terme d'une longue enquête qui l'a menée de la horde primitive à la situation présente, elle souligne le contraste historique «entre les activités humanitaires prédominantes des femmes dans toutes les classes sociales et les activités de conquête et à orientation dominantes des hommes». Cette étude documente le caractère culturel de la domination universelle de toutes les femmes et conclut sur un appel à la collaboration internationale de toutes les femmes, principalement dans les postes d'autorité qu'elles ont réussi à investir (Boulding 1976 : 753).

Andrée Michel, de son côté, estime que «la garantie de la survie et de l'extension du féminisme dépend de l'approfondissement que les femmes donneront de l'analyse de l'oppression des femmes» et que cette option «deviendra la théorie et la pratique de millions de femmes et d'hommes dans un monde à la recherche d'une société équitable (Michel 1979 : 125)». J'aimerais citer ici toutes les dernières phrases de volumes et d'articles sur l'histoire des femmes. J'y trouve l'un ou l'autre de ces quatre mots : égalité, différence, oppression, libération, comme une vieille litanie. Et je me demande si nous avons réussi à nous libérer des pièges de l'HISTOIRE en procédant à notre histoire.

Chapitre 5

L'irruption du sujet
1986

Comme une vieille litanie! Cette expression pourrait certes laisser croire que le désenchantement caractérisait alors mes activités en histoire des femmes. Au contraire! L'histoire des femmes occupait désormais toute ma vie. En compagnie de Nadia Fahmy-Eid, nous avions commencé, en 1982, un vaste projet de recherche sur l'éducation des filles. L'équipe que nous avions constituée s'était autoproclamée le Gref, le Groupe de recherche sur l'éducation des filles, groupe *bona fide*, comme il se doit. Notre large bataillon avait dirigé ses recherches dans les archives des congrégations religieuses enseignantes, puisque pendant plus d'un siècle c'était presque exclusivement dans ce lieu que les Québécoises avaient pu avoir accès à une instruction dépassant le niveau primaire. Nos assistantes terminaient leur mémoire. Nous avions multiplié les communications, les écrits et, en 1986, nous achevions le manuscrit d'un ouvrage collectif qui allait devenir *Les Couventines*.

Notre point de vue dérangeait. Pourquoi avions-nous si peu fouillé les archives du Département de l'instruction publique? C'est sans doute qu'il y était si rarement question de l'instruction des filles. Pourquoi n'abordions-nous pas l'éducation des deux sexes? Tout simplement parce qu'à toutes les étapes du cursus scolaire, du primaire à l'université, les programmes distinguaient entre les sexes, et que notre objectif était de documenter et d'expliquer ce qui arrivait aux filles, entre l'enfance et l'âge adulte. Ce faisant, est-ce que nous traitions uniquement de l'élite ? Que non. Nos recherches nous révélaient que les religieuses enseignaient à tous les groupes, qu'on trouvait leurs maisons d'enseignement partout. Par ailleurs, il nous apparaissait que les efforts des religieuses étaient paradoxalement responsables à la fois du développement et du retard de l'éducation des filles. Au fond, nous expérimentions le fait qu'en nous plaçant du point de vue des femmes, nous devions modifier les approches traditionnelles et présenter des points de vue inédits. En fait, après avoir abondamment parlé du « sujet » de l'histoire, nous commencions à peine à comprendre ce que peut signifier cette expression.

Dans le langage courant, on confond souvent *sujet* et *objet*. « Quel est le sujet de votre livre, de votre thèse, de votre conférence ? » demande-t-on souvent. En réalité, on veut dire : « Quel est l'objet... ? », c'est-à-dire de quoi allez-vous parler ? On peut parler de « sujet » surtout pour expliquer que l'étude est faite du point de vue de la personne qui l'entreprend. Un exemple facile le fera comprendre. Le sujet de l'histoire de l'Amérique a toujours été l'homme européen, et c'est pour cela qu'il a parlé de sa « découverte », puisqu'il croyait l'avoir découverte. Quand on se place du point de vue des premières nations de l'Amérique, il est impossible de parler de découverte : il faut parler de conquête.

En histoire des femmes, il ne fallait pas se contenter de prendre les femmes comme objet d'étude. Il fallait faire des femmes le sujet de leur histoire pour sortir des sempiternels lieux communs sur les femmes. La synthèse du Collectif Clio, *L'Histoire des femmes au Québec depuis quatre siècles*, en se plaçant du point de vue des femmes, avait donc proposé un ensemble de significations différentes. Nous n'avions pas ajouté les femmes : nous les avions placées au centre.

Une nouvelle invitation allait me permettre d'approfondir cette découverte. À l'Institut québécois de recherche sur la culture, Denise Lemieux préparait un numéro sur la culture des femmes pour la publication de l'organisme, *Questions de culture*. Elle avait sollicité des collaborations un peu partout à travers les universités et les centres de recherche. Mais je ne voulais pas parler de mes propres recherches. Je voulais justement réfléchir au rapport des femmes à l'histoire, car il m'apparaissait que ce rapport posait problème et qu'il convenait de comprendre pourquoi. J'avais en tête plusieurs réactions suscitées par la publication de *L'Histoire des femmes au Québec*, et il me semblait que ces réactions constituaient un matériau intéressant. Or, ce matériau pouvait être comparé à un ensemble de textes datant du début des années 1960. En effet, en 1961, le défilé de la Saint-Jean-Baptiste avait été consacré à la place des femmes dans l'histoire. J'avais travaillé à cette manifestation, qui avait suscité la publication d'un cahier spécial dans *Le Devoir*. Il me semblait que ces deux moments de notre histoire collective pouvaient permettre de saisir l'évolution du rapport des femmes à l'histoire. C'est donc dans cet esprit que j'ai proposé le texte suivant. Logique, me posant comme sujet de l'histoire, je disais « je », enfreignant ainsi la règle sacro-sainte de l'objectivité scientifique. Mais, généreuse, Denise Lemieux a accepté mon texte. C'est même elle qui m'en a suggéré le titre.

Historienne
et sujet de l'histoire

Deux courtes lettres, reçues à l'automne de 1982, par le Collectif Clio.

Laval, 12 novembre 1982

Chère Micheline,
Votre livre me touche profondément ; le ton surtout qui rejoint l'intuition vibrante, la simplicité et la rigueur, le ton de ces paroles qui donnent la vie de façon Si naturelle et Si vraie.
C'est beau comme… les photos de ma grand-mère. Au plaisir de te revoir.

Paulette

Rimouski, 24 novembre 1982

Bonjour,
Je ne peux m'empêcher d'écrire ces quelques lignes pour vous féliciter pour le livre sur l'histoire des femmes. J'en termine à l'instant la lecture et je suis très contente de retrouver ramassés, enfin, des détails. Si pertinents et intéressants. J'ai apprécié que la lecture soit rendue facile à tous et à toutes et mes voisines sont sur la liste d'attente pour lire le livre. Elles l'ont feuilleté… et ont dit : « Enfin, il était temps ! »

Louise

Trois ans déjà ! Comme le temps passe ! La publication de *L'Histoire des femmes au Québec depuis quatre siècles* cristallisait, en 1982, dix ans d'efforts collectifs pour faire émerger une histoire différente, l'histoire des femmes version québécoise. Les réactions spontanées ont été vives, senties et sont parvenues aux auteures de tous les milieux. Une sorte de courant, c'était manifeste, passait entre les femmes et leur histoire.

Aujourd'hui, cette histoire au féminin se trouve encore, au bout du compte, en marge de l'histoire officielle. On l'aperçoit « à côté, en deçà, en creux, en noir, en blanc, en rose ! » (Dumont 1984 : 73). Au fond, cette histoire-là n'est pas encore intégrée à l'ancienne. Mais elle existe, elle se lit, elle se dit, et, comme plusieurs historiennes en ont fait l'expérience, elle se révèle un puissant catalyseur d'une prise de conscience féminine, voire (disons-le à voix basse) féministe. Certes, la voie est toujours étroite pour une histoire qui ne serait ni plaidoyer ni réquisitoire, ni bavardage ni occultation, ni objectivité (impossible) ni émotion (impossible aussi !). Mais, sur cette voie étroite, un savoir neuf continue de se constituer. Depuis quelques années, il est venu nourrir la culture des femmes et cette zone indistincte et fragile qu'il faut bien appeler la conscience.

Les occasions n'ont pas manqué de nous reprocher notre émotion, notre engagement, notre « intention téléologique » (Cohen 1984 : 469) de conscientiser les femmes par la connaissance de leur condition historique. Des collègues nous ont fait la leçon. Ne répétez pas les erreurs de l'histoire ouvrière ! Ne soyez pas misérabilistes ! Replacez-vous dans le contexte ! Ne vous moquez pas des aberrations des générations passées ! Article 181 du Code civil : « La femme ne peut exercer une profession différente de celle de son mari. » Ne souriez pas ! En 1956, à la Commission scolaire de Montréal, l'instituteur qui se marie reçoit une augmentation de salaire de 300 $, 12 % de son salaire ! L'institutrice qui se marie, elle, perd son emploi. Ne vous indignez pas ! Surtout toi, Louise, qui as dissimulé ta grossesse et ton enfant durant deux ans pour conserver ton emploi afin que ton mari continue ses études. « Le pardon vient plus naturellement au cœur de l'épouse », écrivent les responsables de la Commission Dorion en 1931. Chut ! Pas d'éclat. Cette psychologie à la noix ne doit pas vous émouvoir. La science doit rester objective. Il faut comprendre les commissaires d'avoir souscrit à de telles affirmations.

La naissante confrérie (y a-t-il un équivalent féminin dans le dictionnaire ?) des historiennes, chercheures, étudiantes qui

documentent le passé collectif des femmes remercie bien genti-
ment ses collègues de leurs bienveillants conseils, mais elle considère qu'il est possible et temps de passer à autre chose. Primo :
nous rejetons la comparaison avec l'histoire ouvrière. Cette histoire-là a été établie par les intellectuels et non par les ouvriers
eux-mêmes. Secundo : nous SOMMES le sujet que nous avons
identifié dans l'histoire. « L'histoire des femmes, écrit Arlette
Farge, intervient dans la discipline historique en redoublant son
parti pris idéologique d'une identification à son objet (Farge
1984 : 18). » C'est dérangeant pour les historiens ? On n'y peut
rien. Croyez-le bien : c'est dérangeant pour nous aussi, les historiennes. La nécessité de cette perspective s'est imposée à nous
par la contradiction de nos vies. Et c'est contre notre volonté que
cette contradiction se retrouve dans plusieurs de nos analyses.
Car quelles que soient les pistes que nous relevons, nous nous
heurtons au discours des hommes sur « la » femme : le corps
féminin, la nature *féminine*, la condition *féminine*, etc. On ne se
libère pas d'un coup de volonté du statut d'épithète. Et comme
nos consœurs françaises, il nous arrive de rêver à *L'Histoire sans
qualité*.

Par voie de conséquence, nous nous sentons mal à l'aise également dans les secteurs où on nous a classées : histoire des mentalités, histoire des marginaux, histoire des exclus de l'histoire.
Nous n'aimons pas cette place assignée qui nous enracine dans
le particulier. Nous ne voulons pas non plus être des histo-
riennes-alibis, affichant la preuve que les départements ou les
organismes de recherche sont dans le vent et bien au fait des
idéologies les plus progressistes. Nous croyons plutôt que la
catégorie « sexe » n'est pas une variable historique comme les
autres et nous le croyons même si l'état de nos réflexions ne nous
a pas encore permis de définir exactement la nature de cette
variable. Après tout, grâce au conditionnement qui a été le nôtre,
il n'y a pas si longtemps que nous réfléchissons.

Nous avons exploré pour ce faire plusieurs problématiques.
Le couple égalité / différence avec toutes ses modulations : égalité
dans la différence, complémentarité, achève de nous leurrer. Il y
a un siècle, Suzanne Voilquin espérait que « l'égalité des sexes, en
féminisant la société, en dégager[ait] l'inconnu ». Aujourd'hui,

les chartes sont signées, le mot personne a remplacé le mot homme et « l'inconnu est toujours à notre porte, au seuil du visible et de l'invisible (Bonnet 1984) ». Et si l'égalité nous a entraînées dans la quadrature du cercle, la différence nous a menées dans les pièges de la biosociologie, comparant les deux lobes du cerveau ou en coupant en deux les gamètes des chromosomes. Notre histoire venait à peine d'être connue, elle ne faisait que commencer à alimenter notre « culture », que des milliers de travaux nous réintroduisaient dans notre « nature ». Ainsi, et parmi les premiers, les travaux de démographie historique ont introduit les femmes au cœur de leur objet d'étude. Mais dans ce secteur d'études, « la réduction des catégories de sexes à leur détermination biologique (Revel 1984 : 123) » a contribué longtemps à occulter l'examen des fonctions sociales liées au sexe. Pourtant, toutes les femmes savent et sentent quelle est la différence entre le taux de fécondité et le désir d'enfant ; entre le taux de natalité et le poids de la grossesse. Et quant à savoir si ces concepts « désir d'enfant », « poids de la grossesse » sont historiques (donc culturels) ou anhistoriques (donc naturels), bien malin qui pourra proposer une réponse documentée, scientifique et neutre à la question.

Nous avons souvent par ailleurs, on nous l'a tellement reproché, analysé l'oppression des femmes. Ou au contraire, nous avons recherché dans les siècles passés les signes de notre libération progressive. Cet autre couple, oppression/libération, est tout aussi rempli d'embûches que le précédent. Mais que de belles analyses il a permises ! Et que d'énergies il a suscitées. Et comme, en histoire des femmes, l'urgence et l'ampleur des recherches à effectuer nous a lancées sur tous les fronts à la fois (la famille, l'éducation, le travail rémunéré ou domestique, la sexualité, la création, le militantisme, etc.), nous avons provisoirement renoncé à articuler toute l'histoire des femmes autour d'un seul concept en nous disant qu'avant tout, il importait de savoir.

Il semble même opportun d'examiner comment s'est effectuée la dialectique savoir historique/culture des femmes depuis un quart de siècle dans notre milieu. On nous a si longtemps associées « au silence de la reproduction, à l'infinie répétition des tâches quotidiennes, à une division sexuelle du monde qu'on croirait immobile (Perrot 1984 : 8) » qu'on a cru longtemps que l'association femmes/histoire était inopérante et que la culture des femmes ne se pensait pas historiquement. Or, il se pourrait, au contraire, que la culture des femmes soit un univers en perpétuelle mutation et que la découverte, par les femmes, de ces mutations ait un effet catalyseur sur les transformations présentes. Soyons rigoureuse : examinons comment cela s'est passé.

On me pardonnera d'utiliser, pour établir cette rétrospective, des événements auxquels j'ai été mêlée. Comme ces circonstances correspondent en un certain sens à trois étapes de la dialectique savoir historique/culture des femmes chez nous, nous pourrons mieux saisir comment les Québécoises en sont venues à se penser comme sujet de l'histoire.

* * *

La plus grande surprise des jeunes est souvent de découvrir que les femmes étaient présentes dans les premières synthèses historiques québécoises et les manuels d'*Histoire du Canada* bien avant qu'on institue l'histoire des femmes. Nous avons eu droit, en effet, au Québec, à une histoire collective qui faisait large place aux héroïnes du XVIIe siècle, et tout livre d'histoire qui se respectait contenait l'inévitable couplet panégyrique sur la « mère canadienne-française ». L'enseignement populaire avait propagé encore davantage ces images de sorte que les écolières, les couventines, les étudiantes avaient conscience que, d'une certaine manière, les femmes étaient dans l'histoire. Monseigneur Albert Tessier diffusait son histoire au féminin, durant les années 1950, sur les ondes de *Radio-Collège*, et ce discours rejoignait, en quelque sorte, le discours officiel sur le rôle de la femme dans la société (Tessier 1962).

« Mais en donnant aux femmes comme seules ancêtres des vierges héroïques, des religieuses mystiques et des mères comme il ne s'en fait plus (Lavigne et Pinard 1977 : 5) », cette histoire restait une vision des femmes imposée aux femmes. Elle était un effet du discours historique qui reproduisait à merveille le discours sociétal sur les femmes. Dans une société qui a choisi pour devise « Je me souviens », l'histoire venait tout cautionner de son sceau majestueux.

J'en prendrai pour témoignage un événement oublié de notre histoire collective : le défilé de la Saint-Jean-Baptiste de 1961. Cette manifestation patriotique avait, au moins à deux reprises, choisi de rendre hommage à « la femme », en 1931 et en 1943. L'année 1961 fut témoin du dernier défilé « historique ». Dès l'année suivante, dans l'exaltation de la Révolution tranquille, les responsables du défilé auront choisi d'illustrer plutôt le futur et l'élan économique du Québec. Mais, en 1961, on avait choisi comme thème : « Hommage à la femme canadienne-française ». Ici je vais vous faire un aveu que j'ai longtemps hésité à révéler : j'ai assumé dans l'anonymat et pour le compte d'un historien célèbre, la recherche, le choix des thèmes et la rédaction des textes de toute cette manifestation. Il y avait de tout dans ce dérisoire défilé : le passé et le présent ; les anciennes héroïnes et les anonymes ; un premier char allégorique, obligé en quelque sorte, sur « les mères de la nation », mais pour le reste, voyez plutôt :

Aux premières étapes

1. Au début de la colonie
2. La première mère canadienne : Guillemette Hébert
3. Une éducatrice : Marguerite Bourgeoys
4. Devant le péril iroquois
5. Un modèle de dévouement : Jeanne Mance
6. Une femme d'affaires
7. Âmes mystiques

Témoin d'une société en formation

8. Épouses de soldats
9. Hommage à la femme du seigneur
10. En pays de colonisation
11. Un groupe de fondatrices
12. Première femme écrivain : Laure Conan
13. Femmes journalistes
14. Albani : artiste internationale

Artisane d'une société nouvelle

15. Conquête de la vie professionnelle
16. Conquête des droits politiques
17. Les joies du plein air : les Guides
18. Défense de la langue maternelle : Jeanne Lajoie
19. Artisanat et instituts familiaux
20. Le monde du travail
21. La création artistique

Saint Jean-Baptiste

Le programme-souvenir proposait autant de courts textes qui servaient à commenter le défilé.

Le lendemain, *Le Devoir* titrait : « Un spectacle pitoyable : le défilé du 24[1] ». On ne s'en prenait pas au thème mais au spectacle, jugé de mauvais goût, des majorettes, des fanfares jouant *Never on Sunday,* des décapotables remplies d'« officiels » souriants, des commanditaires tapageurs, de la camionnette d'un poste de radio osant faire tourner, devant l'estrade d'honneur, Édith Piaf : *Non je ne regrette rien !* Chose certaine, l'impact des « révélations historiques » proposées par le thème s'est révélé absolument nul sur les femmes. Car, en 1961, les Québécoises n'ont aucun atome crochu avec l'histoire : elles sont essentiellement mobilisées dans le présent et par le présent. Le cahier spécial publié par *Le Devoir* à cette occasion (je viens de le déterrer de mes archives) permet un diagnostic clair : les femmes sont dans l'impasse. Jetons un coup d'œil sur ce cahier[2].

Renée Geoffroy intitule son article « Feue… la femme d'hier » et ce titre pourrait qualifier tout le cahier. Elle explique : « Peut-on être surpris que la femme qui veut rompre une certaine tradition parce qu'elle en sent l'urgence soit aux prises avec un dilemme

---

1. Jean-Marc Léger, « Un spectacle pitoyable : le défilé du 24 », *Le Devoir,* 27 juin 1961, p. 1.
2. Toutes les femmes qui ont participé à ce cahier spécial étaient fort connues des lectrices. C'étaient les journalistes de l'émission quotidienne *Femmes d'aujourd'hui* ; on les retrouvait à *Cité libre,* au *Devoir,* à *La Presse.*

qui engendre un malaise ? Deux solutions sont possibles : ou démissionner, ou accepter la lutte[3]. » Michèle Asselin-Mailhot réclame « des cours de psychologie féminine qui ne soient pas faussés par les sempiternelles rengaines où l'on a délayé la femme ». « Être femme n'est pas une profession ni un statut social », proclame Adèle Lauzon. Judith Jasmin suggère : « C'est à la jeune fille d'aujourd'hui, plus lucide, moins romanesque, qu'il appartiendra de rompre le cycle infernal. »

Thérèse Casgrain attend « la femme de demain. Combien de temps la Canadienne française attendra-t-elle encore pour jouer pleinement son rôle dans l'édification de la vie nationale ? Pour réclamer et occuper les postes de commande qui lui reviennent ? » « Il faut prendre nos problèmes en main et refuser catégoriquement de nous laisser cantonner dans des sphères dites féminines », propose Solange Chaput-Rolland. « La jeune fille d'aujourd'hui, affirme Andréanne Lafond, constate que liberté et égalité n'existent pas. » Et elle ajoute : « Applaudir nos héroïnes sur des chars allégoriques nous rappellera que nous, dont on ne se souviendra peut-être pas des noms [mais oui Andréanne, on se souvient], aurons fait notre part sur terre en tentant de parler à des gens qui ne nous entendent pas. » « La jeune Canadienne française, face à la carrière et au mariage, a des problèmes nombreux et des préoccupations troublantes », souligne Louise Laurin. Thérèse Gouin-Décarie estime qu'il n'y a que deux problèmes pour les femmes, celui de la compétence et celui de l'engagement.

La première page du cahier spécial contient une table-ronde qui aborde plusieurs questions : l'éducation des femmes, le statut de la femme, travail et maternité. On y retrouve Fernande Saint-Martin, rédactrice en chef de *Châtelaine*, Florence Martel, fondatrice des Femmes universitaires, Jeanne Sauvé, journaliste, sœur Marie-Laurent de Rome, philosophe, membre de la Commission royale d'enquête sur l'enseignement, Denise Gauthier, présidente de la JOCF. « Je me demande, dit Jeanne Sauvé, si les Canadiennes françaises sont aussi heureuses dans leur foyer qu'on le suppose. [...] L'égalité nous est très difficile. [...] Ce qui

---

3. Toutes les citations des paragraphes suivants proviennent de ce cahier spécial du *Devoir*.

est important, c'est que la femme se sente valorisée, qu'elle se sente indépendante matériellement. » Et elle ajoute : « La femme est-elle passive par nature ou par éducation ? »

Bien sûr, tous ces articles ont été écrits par des femmes publiquement engagées dans l'action, l'écriture ou la parole. Qu'en est-il des femmes ordinaires ? Francine Montpetit-Poirier, rédactrice en chef de *La Revue populaire* écrit : « Cette femme qui n'évolue pas… : elle cuisine, lave et coud à merveille mais elle ne sait pas peupler sa vie car son attitude est souvent négative. » Constat pessimiste que dément toutefois une femme au foyer : « Mariée, mère de deux enfants, accomplissant à plein temps et sans aide mon travail domestique, vivant en banlieue, je suis une femme comme les autres, écrit Madeleine Ryan, mais avec toute la couleur, toute la chaleur et tout le dynamisme possible. »

Vous le voyez, je voudrais citer les douze pages de ce cahier au complet. Mais le plus étonnant de ces textes est sans contredit celui qui parle de féminisme. « Il y a assez longtemps, écrit Germaine Bernier, que le vent du large, c'est-à-dire le souffle de la promotion humaine, a déchiré la soie de la bannière des suffragettes d'hier. […] Un féminisme rationnel a remplacé un féminisme revendicateur, étroit, non sans mérites, mais tout de même insuffisant dans ses vues et objectifs. » Il se dégage que les femmes de 1961 sont en chicane avec leur passé. Elles veulent rompre avec la tradition, avec les modèles hérités de l'histoire, avec le féminisme du début du siècle. Mais dans cette entreprise, les femmes se sentent coincées. C'est l'impasse que le Collectif Clio a voulu décrire dans la cinquième partie de *L'Histoire des femmes au Québec*. À la lecture de ce cahier du 24 juin 1961, on peut même s'étonner que le nouveau féminisme organisé ait mis plus de cinq ans avant de réapparaître. Et c'est peut-être cette réapparition qui a fait que le rapport des femmes avec l'histoire s'est progressivement modifié.

L'AFÉAS (Association féminine d'éducation et d'action sociale) et la Fédération des femmes du Québec datent de 1966. Et ces deux fondations coïncident avec des mouvements analogues dans la majorité des pays occidentaux. Or, au Canada, en 1967, par suite des pressions des groupes de femmes des deux communautés linguistiques, le gouvernement fédéral a mis sur pied une Commission royale d'enquête sur la situation de la femme au Canada. Familièrement identifiée du nom de sa présidente, Florence Bird, la Commission Bird est venue polariser dès 1968 l'attention de toutes les femmes. Par ailleurs, le personnel de la Commission a mis sur pied une équipe de recherche et de nombreuses études ont été commandées à des spécialistes. C'est dans ce cadre qu'a été publié en 1971 *Tradition culturelle et Histoire politique de la femme au Canada*, ouvrage réunissant trois recherches historiques.

J'avais rédigé le texte consacré à l'*Histoire de la condition de la femme dans la province de Québec*. Le titre même de cet essai, avec ses trois concepts : « la » condition, « la » femme et la « province de Québec » en détermine presque la date. J'avais fait cette recherche durant ma troisième grossesse. Je me souviens même avoir envoyé mes dernières corrections sur la traduction anglaise quelques heures avant d'accoucher sur rendez-vous, comme on pouvait le faire à ce moment-là, en 1969, quand on se croyait une femme organisée ! La ligne directrice de ce travail est désormais familière : situation relativement positive des femmes à l'époque de la colonie française ; détérioration de leur statut et de leur rôle au XIXe siècle ; lent réveil des Québécoises vers l'égalité et une mentalité nouvelle durant le XXe siècle, le tout se terminant sur un constat résolument triomphaliste. La dernière phrase est typique : « Dans une société désormais transformée, elle songe davantage à agir qu'à revendiquer : au fond elle ne demande que de meilleurs moyens d'action (Dumont-Johnson 1971 : 41). »

Cette vision optimiste de l'histoire, avec sa noirceur victorienne/napoléonienne/capitaliste n'était pas spécifique au Québec. C'était celle de Geneviève Texier et Andrée Michel dans *La Condition de la Française aujourd'hui*. C'était celle des premiers travaux américains en histoire des femmes (Dexter, Beard), des travaux européens en histoire moderne (Hufton), position qui est justement critiquée par Mary Beth Norton depuis une décennie.

Mais les Québécoises, cette fois, ont reçu ce texte bien différemment. Les étudiantes y ont trouvé des pistes de recherches ; les journalistes y ont puisé des titres à sensation ; les féministes y ont trouvé des raisons supplémentaires de se mobiliser. Ce n'était certes pas le texte lui-même qui était responsable de cette effervescence : c'était le rapport des femmes à l'histoire qui était transformé. Dans les analyses qu'elles venaient de faire collectivement pour préparer des mémoires à la Commission Bird ; dans les discussions interminables qu'elles avaient eues autour de la contraception, de la loi 16, du divorce, de la Révolution tranquille ; dans leurs lectures des premiers écrits féministes des années 1970, les femmes s'étaient heurtées au silence de l'histoire officielle sur le vécu des femmes. Dès lors, elles ont cherché des traces de leurs devancières ; elles ont entendu et lu les arguments des autorités contre leurs revendications et se sont indignées des inepties qu'on leur servait ; elles ont pris conscience des injustices inqualifiables qui avaient eu lieu et qui avaient été pudiquement dissimulées sous la « mission de la femme » ; elles ont découvert des événements historiques que la mémoire collective avait occultés. Des catégories de femmes ont été identifiées : les maîtresses d'école, les mères de familles nombreuses, les suffragettes, les artistes, etc. Soudainement, les femmes ont réalisé que LA femme n'existait pas, qu'on les avait enfermées dans un discours aliénant, qu'il fallait de toute urgence établir un nouveau savoir sur le passé collectif des femmes. Mais, en 1970, l'histoire des femmes est encore à se faire. Des cours s'organisent, des bibliographies se constituent, des thèses et des articles s'écrivent. De Québec à Montréal, un immense chantier où des « rates » de bibliothèques préparent les « retailles » qui ont servi au Collectif Clio pour écrire sa synthèse.

Dès lors, entre l'histoire et les femmes, le courant s'est mis à passer. Les historiennes ne suffisaient plus à la tâche. Les écrivaines ont emboîté le pas. Et les poètes, les cinéastes, les comédiennes, les chanteuses, les journalistes. Anne-Claire Poirier présente son film : *Les Filles du roi.* On ressuscite, en 1972, l'ancienne fête (jamais fêtée au Québec) du 8 mars. *Les Têtes de pioche* tiennent une rubrique : *On n'est pas les premières.* Jovette Marchessault fait jouer *La Saga des poules mouillées.* Les Éditions du remue-ménage lancent leur premier agenda, en 1978, sous le signe de l'histoire des femmes. L'AFÉAS amorce son enquête, *Pendant que les hommes travaillaient, les femmes elles…* Des grands-mères publient leur autobiographie. On dévore le livre de

Simonne Monet-Chartrand : *Ma vie comme rivière*. Le colloque *Perçons le mur du silence* analyse la situation des femmes journalistes, si longtemps prisonnières des pages féminines. Le *Dinner Party* de Judy Chicago attire des foules records au Musée d'art contemporain de Montréal.

Mais, quand *L'Histoire des femmes au Québec* est parue en 1982, elle ne mettait en évidence qu'un aspect seulement de la recherche sur les femmes. Car l'histoire, bien sûr, n'est plus seule au rendez-vous de la recherche féministe. Sociologues, anthropologues, économistes, politicologues, philosophes, linguistes (et n'oubliez pas de lire ces mots au féminin malgré leurs terminaisons censément neutres) entreprennent, à leur tour, des recherches qui viennent bouleverser les connaissances et interpeller chacune des disciplines. Certes, les emprunts entre les disciplines sont considérés comme indispensables. Toutefois, dans le nouveau champ des études sur les femmes, l'histoire semble souvent une interlocutrice privilégiée. Plus privilégiée que les autres ? Je ne saurais dire. Mais à cause de sa longue tradition populaire, de ses multiples registres d'expression, l'histoire peut rejoindre un public plus varié. Les généalogistes commencent à chercher des ascendances maternelles. Les histoires de paroisses insèrent des sections consacrées aux femmes. La préoccupation collective autour du patrimoine fait une large place au travail des femmes et à leur savoir-faire : les courtepointes, le tissage, la dentelle, les recettes de cuisine. On recherche les antécédents millénaires d'un métier qu'on croyait désuet : celui des sages-femmes. Les femmes de théâtre situent le décor de leurs dramatiques dans un passé lointain ou récent. Le roman historique refleurit et, dans l'univers des téléromans, personne ne s'étonne que l'héroïne principale du *Temps d'une paix* soit une femme : Rose-Anna Saint-Cyr.

Au fond, les femmes ont cessé d'analyser leur situation personnelle uniquement avec les instruments de la psychologie ainsi qu'elles le faisaient volontiers il y a vingt-cinq ans. Elles ont cessé également de miser sur la seule détermination personnelle pour s'affranchir des diktats de la culture et de la tradition. Les femmes d'action qui s'étaient exprimées dans *Le Devoir* du 24 juin 1961 semblaient ne compter que sur elles-mêmes. Nous devons constater que, depuis cette date, les femmes ont découvert la solidarité intergénérationnelle des femmes. Au Forum, en mai 1980, les 15 000 Yvettes ont découvert, souvent à leur propre stupéfaction, la force collective des femmes. Plusieurs ont trouvé là l'occasion de se lancer en politique active. Dans le champ si intime, si personnel, si traditionnellement individuel de la santé, physique ou mentale, les approches sont désormais globales et basées sur des analyses collectives de situations : psychologues et travailleuses sociales ont développé l'intervention féministe. Un bilan de toute la recherche qui s'est faite sur les femmes au Québec depuis une dizaine d'années démontrerait que, dans tous les secteurs, la majorité des chercheures ont adopté un point de vue collectif et féministe. Un consensus se dégage également pour dénoncer le caractère sexiste de toute la recherche traditionnelle et des efforts de réflexion établissent les bases d'une recherche non sexiste (Lapointe et Eichler 1985).

Dans la myriade des objectifs qui les mobilisent, les femmes savent maintenant qu'elles peuvent trouver dans l'histoire des explications inédites, des constats nouveaux, des solidarités oubliées, des luttes occultées, des gestes trop longtemps restés dans l'ombre. « La "vraie histoire" peut ainsi surgir d'une pratique et d'une critique, non d'une rigueur affectée, mais d'une justesse manifestée par l'absence de tout contresens (Vilar 1974 : 189). »

Il est bien évident que la tentative d'écrire une autre histoire, à partir de l'expérience collective des femmes, fait apparaître des embûches redoutables. En se réappropriant leur histoire, les historiennes commettent à l'occasion des anachronismes. Qui n'en fait pas ? Les autres historiens en ont énoncé des légions au nom de l'Europe, du libéralisme, du parlementarisme, de la race blanche, de la loi naturelle ou de la religion. Il est bien évident aussi que s'il faut toujours se « replacer dans le contexte », on répétera jusqu'à saturation les mêmes fausses vérités et on repoussera toujours les femmes à la frontière de l'historisable. La vraie histoire, au fond, n'existe pas. Il n'existe que le pouvoir de déclarer ce qui est vrai et important parmi les millions d'événements qui se produisent à chaque seconde depuis des milliers d'années. « Quelle est la place, dans la culture des classes et la

culture des peuples, [des] belles séquences de la chronique officielle où une discipline et une société ne font que réfléchir leur
bonne, c'est-à-dire le masque de leur mauvaise conscience ?
(Vilar 1974 : 187) » On n'ose répondre à cette question. Pourtant,
si on demande : quelle est la place, dans la culture des femmes,
de ce savoir nouveau qu'elles viennent de découvrir sur leur
histoire ? on doit constater que ce savoir est mobilisateur. J'en
prends pour témoin quelques réactions au livre du Collectif
Clio[4] :

> « *Je ne peux que me choquer de ce silence Si longtemps gardé.* »

> « *De ce regard sur la vie des femmes dans le temps, il me reste un
> sentiment d'amertume et d'impatience.* »

> « *Ce livre, je le qualifie de tempête qui secoue, révolte, émeut.* »

> « *Je n'avais jamais songé à ces à-côtés de l'histoire et je trouve
> important maintenant de les connaître.* »

> « *J'ai l'impression de m'être réapproprié mon passé.* »

> « *J'ai reconnu mes grands-mères, ma mère et je me suis reconnue
> moi-même à travers ces pages.* »

> « *Ce livre m'a permis de mieux structurer ma réflexion sur la con-
> dition féminine et sur ma propre vie, en tant que femme, étudiante
> et amoureuse.* »

> « *C'est fascinant de voir à quel point la solidarité féminine a été
> présente durant une bonne partie des quatre siècles.* »

> « *Il était temps de montrer que la colère des femmes est légitime.* »

Oh certes, ces réactions sont suspectes. Elles ternissent, aux
yeux de certains, le halo d'objectivité qui devrait entourer tout
ouvrage sérieux. C'est peut-être qu'il n'y a rien de plus
dérangeant que l'analyse féministe. C'est une perspective fon-
cièrement acérée : elle ne laisse rien d'intact de ce qu'elle touche.
Et on doit la mettre sur le même plan que les grandes interrogations de l'ère contemporaine : l'opposition Nord/Sud ; la menace

---

4. Extraits de travaux présentés dans le cadre d'un cours sur « L'Histoire des
    femmes au Québec », Université de Sherbrooke, 1984.

nucléaire ; la nature entre la pureté et la pollution ; les pièges de l'informatique et de l'automation. Le mouvement des femmes, s'il n'est pas interrompu par l'une ou l'autre des forces que je viens d'énumérer et qui risquent de nous renvoyer à l'âge de pierre ou de nous transformer en robots aseptisés, ne laissera rien comme avant : ni la famille, ni le travail, ni l'organisation sociale, ni la définition du spirituel, ni les relations entre les sexes. On peut se boucher les yeux ; on ne peut pas prétendre que c'est dépassé. On ne peut non plus rendre cette analyse exclusivement « tributaire d'un volontarisme militant » ou prétendre que la problématique de l'égalité « réduit l'histoire à quelques mouvements et à une poignée de femmes éclairées (Cohen 1984 : 476) ». Car l'analyse féministe est une interrogation globale.

* * *

Il y a vingt-cinq ans, les références historiques au sujet des femmes suscitaient l'ennui. Les Québécoises refusaient de se voir imposer comme unique modèle les mères de famille dépareillées ou les saintes fondatrices de la Nouvelle-France. Leur rapport avec l'histoire était problématique, car l'histoire qui leur était présentée les maintenait dans une voie sans issue.

Quelques années plus tard, se révélait à elles cette évidence : ce n'est pas notre histoire qui est écrite dans les livres. Notre histoire est à faire ; nous devons de toute urgence multiplier les recherches pour la reconstituer et la faire apparaître à côté de l'histoire dite officielle. Et, à première vue, il semble que cette entreprise ait réussi. Aujourd'hui, Marguerite Bourgeoys a son comté ; Marguerite d'Youville, sa place ; Laure Conan, son école ; Marie Gérin-Lajoie, sa salle ; Judith Jasmin, son pavillon ; Denise Pelletier, son théâtre ; Laure Gaudreault, son manoir, etc. Les historiennes reçoivent des demandes de noms de femmes pour baptiser de nouveaux parcs, édifices, stades et autres lieux publics. Cette constatation ne doit toutefois pas faire perdre de vue que rien n'est plus éphémère qu'une place dans le jardin des gloires historiques. Ce talon, dans le parterre de l'histoire officielle, fait une bien petite empreinte : c'est une trace, ma parole, de talon haut !

Aussi, ce n'est plus cet aspect-là qui alimente actuellement le rapport des femmes à leur histoire. C'est le besoin de savoir, de comprendre, de se sentir solidaire. L'histoire des femmes écrite dans une perspective féministe pose les femmes comme *sujet de l'histoire*. Ce faisant, les historiennes et leurs lectrices se situent dans « le territoire de l'historien » et y occupent une position qui semble encore inquiétante. Car elles interrogent les pratiques sociales, les discours, les images, les dichotomies nature/culture, domestique/public. De plus en plus, on sent qu'il faudra « préférer aux lignes de partage trop claires les zones de brouillage, d'interférence, d'indifférenciation, d'inversion et aux complémentarités trop harmonieuses, les conflits, les contradictions ; accepter l'ambivalence des choses. [...] On le voit, il ne s'agit pas de constituer un nouveau territoire qui serait l'histoire des femmes, tranquille concession où elles se déploieraient à l'aise, à l'abri de toute contradiction ; mais bien davantage de changer la direction du regard historique, en posant la question du rapport des sexes comme centrale. L'histoire des femmes, en somme, n'est possible qu'à ce prix (Perrot 1984 : 15) ».

Au fond, notre histoire, à peine reconstituée, est déjà à refaire. Car l'histoire a toujours répondu aux interrogations de l'aujourd'hui. Or, qui sait quelles sont les questions que nous poserons demain ? Et qui peut prévoir ce qui peut arriver quand le *Je* du « Je me souviens » est prononcé par les femmes ?

Chapitre 6

Française ou américaine ?
1987

Être sujet de l'histoire ! Comment avions-nous pu si longtemps utiliser ces deux mots, « sujet » et « objet », sans en saisir toutes les significations ? Être sujet de l'histoire permettait un nouvel enthousiasme. Dans le monde anglo-saxon, notamment, la trilogie *race-class-gender* figurait désormais en bonne place dans la plupart des ateliers d'histoire sociale, tel un phare éclairant une nouvelle route pour réinterpréter l'ensemble de l'histoire. Chaque événement historique pouvait être réinterprété ou, en tous les cas, enrichi de significations nouvelles en se plaçant du point de vue des autres classes, des autres races, des deux genres. Le récit universel de l'histoire n'était plus adéquat, tout le monde en convenait. La situation était la même dans la plupart des disciplines, notamment en sociologie et en anthropologie. Des numéros spéciaux de revues étaient publiés. Croisant un collègue, je lui ai demandé :

« As-tu reçu le dernier numéro de *Sociologie et Sociétés* consacré à "Les femmes dans la sociologie" ? – Oui. Je l'ai donné à ma femme ! »

Tiens, tiens ! Est-ce que par hasard nos collègues masculins ne liraient pas les articles qui concernent les femmes ou utilisent une perspective féministe, considérant sans doute qu'ils ne concernent pas « leurs » recherches ? Justement, dans ce numéro,

Danielle Juteau démontrait le point de vue partiel et partial des théories dominantes. De plus en plus, les chercheures pressentaient que leurs travaux n'influençaient guère ce que les Américaines surnommaient le *malestream* de la recherche. C'est ce qui explique qu'un peu partout des colloques étaient organisés pour évaluer l'impact des recherches féministes sur la recherche en général. Ces colloques se déroulaient le plus souvent en anglais. Mais en France également, à la suite de la publication de *Une histoire des femmes est-elle possible ?* (Perrot 1984), de nouvelles discussions avaient lieu. L'une d'elles avait même paru dans *Les Annales*, revue emblématique de la nouvelle histoire en France. Un collectif d'historiennes avait aussi publié *Culture et pouvoirs des femmes* (Dauphin 1986), texte qui résumait les discussions qui avaient cours en France.

Les textes théoriques, publiés en anglais et en français, illustraient deux positions différentes concernant la pratique de l'histoire des femmes. Aux États-Unis, on continuait à développer un secteur autonome dynamique, comptant justement sur ce dynamisme pour influencer l'historiographie générale. Des historiennes publiaient des manuels pour indiquer de quelle manière de nouveaux contenus pouvaient être introduits dans les programmes traditionnels. En France, les historiennes étaient beaucoup plus réticentes à adopter cette stratégie et semblaient craindre comme la peste d'être enfermées dans un nouveau ghetto. La synthèse du Collectif Clio y avait d'ailleurs été reçue avec surprise car, selon Geneviève Fraisse, nous n'avions pas utilisé les catégories de l'histoire des femmes comme cela se faisait en France. « En effet, cette histoire est tout à la fois celle de leur condition et celle de leur libération : pas d'histoire des femmes sans histoire du féminisme (Fraisse 1983). » Les historiennes américaines et françaises ne semblaient pas sur la même longueur d'onde. Toujours est-il que le débat était posé : l'histoire des femmes doit-elle être autonome ou s'insérer plutôt dans tous les livres d'histoire ? Est-il possible de faire la synthèse de toutes les réflexions ?

Invitée à participer à un colloque intitulé *The Influence of Feminist Approaches on Research Methodologies* au Calgary Institute for the Humanities, j'ai voulu réfléchir sur les stratégies possibles.

J'ai répété une démarche analogue, cette fois dans un congrès de l'Institut d'histoire de l'Amérique française, où de telles communications théoriques n'avaient jamais été présentées. Le texte qui suit constitue une synthèse des propos que j'ai tenus aux deux colloques. Je me dois toutefois de noter une différence importante. Au colloque anglophone, je discutais de l'impact des avancées théoriques de l'histoire des femmes sur l'histoire générale. Au colloque francophone, je présentais ces propositions à la discussion collective, compte tenu de leur relative nouveauté dans ce milieu.

Le titre de cet article exige des explications. J'avais décidé d'utiliser la terminologie du mouvement nationaliste en utilisant les termes « séparatisme » et « assimilation ». L'image faisait choc et reprenait d'ailleurs une position idéologique typique du mouvement des femmes depuis les années 1970, qui exigeait le « séparatisme » des groupes autonomes de femmes et excluait les hommes des principales manifestations et organisations. En reprenant cette terminologie, ce sont les difficultés reliées à l'introduction du sujet femmes dans les livres d'histoire que je voulais mettre en relief.

Fait à souligner, le texte en anglais a été publié (Dumont 1989) et, à ma grande déception, le texte français a été refusé, « parce qu'il est difficile à placer dans un genre, essai ou bilan historiographique ». Le texte avait certes des faiblesses, que j'ai essayé de corriger dans la version actuelle, mais je me disais que, justement, il serait important de commencer à en discuter : depuis l'année 1975, il n'y avait eu aucun article théorique dans les revues historiques du Québec. Des textes circulaient dans les milieux de la recherche féministe, mais c'est dans une revue générale que j'aurais voulu publier ces réflexions. Les voici donc avec quatorze ans de retard.

L'histoire des femmes
entre le séparatisme et l'assimilation

« L'histoire, écrivait Henri-Irénée Marrou en 1953, est inséparable de l'historien. » Cette affirmation, qui achevait d'ébranler les grandes certitudes positivistes des générations précédentes, allait avoir des conséquences inattendues quand des historiennes l'écriraient au féminin. Certes, la corporation des historiens avait admis des femmes dans le passé, mais comme l'a montré Natalie Z.-Davis, ces femmes avaient pratiqué un métier masculin (Davis 1980). C'est ce qu'affirme également Cécile Dauphin à l'article « Femmes » de l'*Encyclopédie de La Nouvelle Histoire* : « un métier d'hommes qui écrivent l'histoire au masculin […] de surcroît, les matériaux pour l'histoire sont l'œuvre d'hommes qui ont eu le monopole de l'écrit comme de la chose publique » (Dauphin 1978). Bonnie G. Smith a toutefois démontré qu'il est possible d'examiner différemment l'ensemble des ouvrages écrits par les historiennes du siècle dernier, de lever l'occultation qui frappe leurs écrits et d'obtenir ainsi « une image plus claire de cette tradition, [laquelle] nous aidera à corriger notre myopie et à obtenir une meilleure compréhension de l'historiographie contemporaine en histoire des femmes » (B. Smith 1984 : 711).

Il reste que la spécialité « histoire des femmes », apparue entre 1965 et 1970, se situait de manière différente dans le champ de l'histoire : ce nouveau créneau inaugurait une perspective féministe dans l'interprétation historique. Que cette perspective ait été en rapport avec le réveil des mouvements de femmes à la même période, cela est manifeste, toutes les praticiennes l'ont souligné. Au fond, le rapport perspective féministe/histoire des femmes n'a pas eu à être démontré : il s'est imposé comme une évidence.

Après avoir examiné brièvement l'itinéraire intellectuel de quelques historiennes féministes, nous pourrons aborder les discussions méthodologiques et les principales problématiques utilisées en histoire des femmes. Même s'il serait prématuré de mesurer leur effet sur l'ensemble de la production historique, on pourra toutefois considérer quelques exemples éclairants. Ce faisant, nous pourrons tenter de répondre à la question suivante : l'histoire des femmes doit-elle demeurer une spécialité ou doit-elle, au contraire, s'immiscer dans tous les secteurs de la recherche ?

Quelques historiennes féministes

Gerda **Lerner** peut être considérée comme la pionnière de la « nouvelle » histoire des femmes aux États-Unis [1]. Née en 1920 en Autriche, elle émigre aux États-Unis en 1939, entreprend des études à 40 ans et décide, en 1963, de poursuivre des études supérieures en histoire. Au jury qui s'étonne de ses intentions, elle répond : « Je veux inscrire les femmes dans l'histoire. Je veux rendre légitime la recherche en histoire des femmes, […] je veux que l'histoire des femmes fasse partie intégrante des programmes à tous les niveaux. Je veux qu'elle existe comme spécialité. Je veux qu'on puisse faire des doctorats dans ce domaine, sans prétendre faire autre chose. »

À partir de cette date, elle devient l'une des théoriciennes les plus vigilantes sur les questions soulevées par la perspective féministe en histoire. Elle les résume dans son article « The Challenge of Women's History » : les femmes ont une histoire ; on doit déterminer les concepts qui permettront de les penser historiquement ; de nouvelles questions doivent être posées au passé ; il faut apprendre à interroger autrement les sources traditionnelles ; il faut modifier aussi la périodisation ; il faut procéder à une rupture épistémologique. « Ce dont nous avons besoin, c'est d'une nouvelle histoire universelle, une histoire *holistique* qui pourra être une synthèse de l'histoire traditionnelle et de l'histoire des femmes […]. Mais, déjà, on peut affirmer ce

---

1. Voir dans la bibliographie la liste des ouvrages de chaque historienne présentée dans cette section.

qui suit : seule une histoire basée sur la reconnaissance du fait que les femmes ont toujours été essentielles dans le cours de l'Histoire et sur la conviction que *les hommes et les femmes* constituent un indice de signification, seule cette histoire pourra être considérée comme une authentique histoire universelle (Lerner 1979 : 180). »

Yvonne **Knibiehler**, née en 1922, a suivi un cheminement semblable à celui de Gerda Lerner. Arrivée aux études supérieures dans la quarantaine, après avoir élevé sa famille, elle s'attire les quolibets du doyen, mais elle persiste et termine, dans les délais requis, une thèse de troisième cycle sur *Mignet, historien libéral.* Par la suite, elle entreprend des recherches sur l'histoire des femmes, mais elle doit dissimuler son enseignement sous l'étiquette « histoire de la famille ». « Au cœur de ma réflexion sur l'histoire, écrit-elle, je trouvais le problème de l'objectivité. Nous savons tous qu'elle est impossible : prisonniers de notre culture, nous ne pouvons voir qu'une partie de la vérité. Les historiens sont subjectifs comme tout le monde (comme moi-même). Historienne, femme, il m'est apparu que ma subjectivité débordait celle des historiens-hommes. Certes, je suis citoyenne à part entière : aucun sujet de recherche ne m'est étranger. [...] Mais j'ai besoin aussi de comprendre l'évolution des rôles féminins dans la vie privée, dans les relations familiales, dans la vie sociale, rôles déterminés en grande partie par cette fonction spécifique, la maternité, qui éprouve si fortement le corps et le psychisme du deuxième sexe (Knibiehler 1986 : 384). » C'est pourquoi elle conteste les périodisations et les chronologies traditionnelles, contestation qui entraîne des changements dans l'épistémologie de l'histoire. Le sexe du chercheur pose un problème de connaissance. « L'histoire était, jusqu'à nous, asexuée (comme toutes les sciences humaines) ; les chercheurs masculins croyaient naïvement écrire l'Histoire, la vraie, la seule. [...] Mais quand il s'agit d'analyser le fonctionnement des sociétés humaines, le sexe du chercheur est une variable de première importance. » « On peut remettre en cause le caractère scientifique de l'histoire. Que penser d'une "science humaine" qui avait jusqu'ici ignoré le féminin et qui le refoule encore dans bien des domaines ? Il n'est certes pas question de renoncer à la rigueur de la démarche scientifique : c'est une ascèse qui sert au moins de garde-fou, car nos investigations pourraient céder à des égarements bien pires. Mais il ne faut pas en être dupe (Knibiehler 1984). »

Joan **Kelly** (1928-1982) a suivi un itinéraire moins spectaculaire. Elle entreprend des études de doctorat en histoire de la Renaissance et devient la spécialiste de Leon Battista Alberti (1404-1472), le théoricien de la perspective dans la peinture italienne (Kelly 1984). « Je découvris, écrit-elle, comment la perspective des peintres ainsi que les idées qui lui sont rattachées, la mesure, la proportion, l'harmonie, l'échelle, constituait une clef pour comprendre l'œuvre d'Alberti et les changements majeurs qui ont affecté la conception du monde aux XVe et XVIe siècles […]. Accompagnant les magistrales transformations sociales, économiques et politiques du monde féodal vers une société moderne, il s'est produit une profonde révolution intellectuelle, apportant avec elle une nouvelle conception du paradis et de la destinée humaine. Dès lors, émergeait un nouvel ordre harmonieux dans lequel chaque élément pouvait se mesurer à tous les autres. Les capacités rationnelles de l'homme pouvaient tout mesurer (Kelly 1984 : xiii). »

Invitée par Gerda Lerner à préparer un cours sur l'histoire des femmes à la Renaissance, Joan Kelly commence par se récuser, alléguant que l'histoire des femmes ne peut rencontrer ses intérêts professionnels. Puis, elle accepte de discuter avec elle et d'y penser. « Cet échange, confie-t-elle, s'avéra être la plus excitante aventure intellectuelle dont je me rappelle. […] Soudain, tout un nouvel ensemble du savoir s'ouvrait à moi. […] Tout ce que je croyais savoir au sujet de la Renaissance devenait éminemment, inéluctablement critiquable. Le changement qui s'est opéré en moi était kaléidoscopique. Je n'avais pas lu un nouvel ouvrage ; je n'avais pas découvert par inadvertance de nouvelles archives ; aucune information inédite ne venait s'ajouter à ce que je savais. Mais je réalisais que ma vision globale de la Renaissance était partielle, déformée, limitée et profondément biaisée par ces limites (Kelly 1984 : xiii). » Spécialiste de l'inventeur de la perspective, Joan Kelly était intellectuellement disposée à saisir les conséquences considérables de sa découverte.

Ses écrits ultérieurs allaient démontrer la profondeur de sa réflexion.

Michelle **Perrot**, née elle aussi en 1928, est associée à la plupart des publications théoriques sur l'histoire des femmes parues en France depuis 1977. Toutefois, elle n'est pas, à proprement parler, une historienne des femmes, puisqu'elle est une spécialiste de l'histoire ouvrière et de l'histoire urbaine. Elle a livré, dans *Le Débat*, un texte autobiographique où elle rapporte l'évolution de sa carrière et de son cheminement intellectuel (Perrot 1985). Ce n'est que tardivement qu'elle a accepté de s'associer aux enseignements et aux recherches sur l'histoire des femmes. « Ce domaine est aujourd'hui à mes yeux un front pionnier. Il me reste à expliquer pourquoi. Mais aussi : pourquoi si tard (Perrot 1985 : 149). » Après avoir souligné qu'elle a eu beaucoup de chance avec ses hommes (son père, son professeur, son mari), elle confie : « J'adoptais le point de vue des hommes sur les femmes. […] Comme la plupart des parvenues, je me coulais sans peine dans les représentations des dominants. […] J'ai mis du temps à comprendre que le rapport des sexes est une structure élémentaire de l'histoire. […] Toutefois, si je souhaite contribuer à cette réévaluation du regard historique, je n'entends pas pour autant devenir une spécialiste des femmes et encore moins ériger l'histoire des femmes en spécialité. Rien ne serait, à mon sens, plus dangereux que la constitution de domaines réservés – le territoire de l'historienne – nouveau ghetto où les femmes s'enfermeraient, dans le plaisir de l'entre-soi, excluant toute confrontation, et par conséquent toute influence. […] Si le rapport des sexes est une dimension, essentielle et refoulée, de l'évolution sociale, sa prise en compte devrait, en étendant le champ de nos interrogations et notre manière de voir, renouveler notre compréhension de l'histoire (Perrot 1985 : 150). »

Arlette **Farge**, née en 1941, s'est fait connaître comme une spécialiste de l'histoire sociale au XVIIIᵉ siècle. Dans le collectif *L'Histoire sans qualité*, publié en France en 1979, elle rappelle quelques jalons de son itinéraire (Farge 1979). « Désappropriée de l'histoire, comme gage de protection d'une féminité à garder de toute contamination, et l'histoire forcément en est une. Être désappropriée de l'histoire, c'est peut-être finalement l'histoire la plus importante et la plus ordinaire qui arrive quotidiennement aux femmes (p. 16). » Et après avoir rappelé les interrogations qu'a suscitées chez elle cette désappropriation, elle poursuit : « Alors on devient historienne avec la certitude qu'on nous a caché quelque chose d'important à force de masquer l'essentiel sous le récit des événements, des batailles ou des chiffres, fussent-ils ceux des naissances, des maladies et des morts. Et la tâche à remplir semble à la fois facile et illimitée jusqu'au jour pourtant où survient la brisure, le temps du point aveugle où se repérer cesse d'être simple. Car la terre découverte est la terre des hommes : terre qui ne laisse voir que la moitié du ciel et falsifie la mémoire au point de nous égarer (p. 17). » Et plus loin elle affirme : « C'est justement sur ce partage entre le masculin et le féminin que le silence de l'histoire s'est abusivement fait (p. 19). » Mais Arlette Farge ne souhaite pas être étiquetée « historienne des femmes ». Car, dit-elle, « devant l'urgence, le pouvoir masculin a fini par accorder une place à ce travail de résurrection, à agencer un "créneau" possible. Voici l'histoire des femmes au "hit-parade" de l'Histoire ; après tout, cela se vend et "elles" ne diront plus qu'elles n'ont pas de place ! Cela ne me convient pas réellement : une place que l'on vous assigne est toujours une place contrôlée, un enclos dont on ne sort pas toujours indemne, un ghetto où il ne fait pas vraiment bon vivre (p. 18) ».

On pourrait continuer et présenter d'autres historiennes : ces cinq témoignages suffiront. Ils nous auront permis de poser les données d'une interrogation fondamentale : l'histoire des femmes doit-elle rester une spécialité, avec tous les risques d'être enfermée dans un ghetto ? C'est le séparatisme. Doit-elle être, au contraire, une tentative de renouveler le regard historique en s'immisçant partout, avec tous les risques d'une « nouvelle invisibilité » ? C'est l'assimilation. Si l'histoire des femmes se développe à part, sera-t-elle lue et prise en compte par l'ensemble des historiens ? Si elle s'intègre dans le *main stream* de l'histoire, ne risque-t-elle pas de disparaître dans ce qui demeure encore un *male stream* ?

Précisions épistémologiques et critiques

Ces questions étant posées, on doit proposer un certain nombre d'affirmations pour bien faire saisir la radicalité de ce courant de recherches. L'histoire des femmes n'est pas la simple addition d'un nouveau champ d'études, qui serait balisé et jugé à partir des critères de validité et des outils conceptuels déjà établis. Il s'agit, on l'a vu, de nouvelles questions, de remises en question, de défis méthodologiques et de ruptures épistémologiques, les unes et les autres provoquées par l'irruption du « genre » dans l'interrogation scientifique.

Par ailleurs, « le genre n'est pas un fait unitaire déterminé partout par les mêmes sortes d'intérêt, mais plutôt le produit d'une variété de forces sociales selon les époques et selon les régions (Dagenais 1987 : 19) ». De même, les rapports sociaux de genre constituent une des forces de l'histoire. Ces rapports évoluent et doivent être considérés comme des phénomènes historiques. On doit faire l'effort d'en rechercher les mécanismes dans la majorité des phénomènes historiques.

Dans toute cette entreprise, il est indispensable de maintenir une attitude critique. Ce truisme entraîne, en histoire des femmes, des exigences d'autant plus rigoureuses que l'on commence à peine à poser les femmes comme *sujets* de l'histoire et que les rapports hommes-femmes accèdent à peine, et pas toujours pleinement, au statut théorique de rapports sociaux. On continue de les considérer comme une des nombreuses manifestations de l'humanité « naturelle ». Si dans la recherche et l'écriture, on ne peut atteindre l'impossible neutralité, il convient également de questionner l'objectivité elle-même, comme l'a souligné, on l'a vu plus haut, Yvonne Knibiehler. « Tout point de vue qui prétend se situer dans une position "extérieure" est nécessairement limité, déformé et mystificateur », affirme Angela Miles (1985 : 19). « Ce sont les rapports de pouvoir patriarcaux présidant dans le passé à la production des connaissances et au maintien des femmes hors des sphères de la production du savoir qui ont fait que la légitimité scientifique en vint à être associée au genre masculin plutôt qu'à la justesse de l'explication. Pour reprendre une expression d'Adrienne Rich, on pourrait dire que l'objectivité est le nom que l'on donne, dans la

société patriarcale, à la subjectivité mâle (Dagenais 1987 : 23). »
Même si la plupart refusent de l'admettre, les hommes ont un
grand investissement émotif dans l'objectivité. Bien entendu,
cette position critique n'élimine aucune rigueur dans la
démarche, qui reste une condition fondamentale de la recherche.

Enfin, le récent procès (1979-1985), aux États-Unis, qui a
opposé à la barre deux historiennes féministes exposant chacune
une version différente de l'histoire du travail salarié des femmes
dans ce pays, pose aux historiennes une préoccupation éthique
(Dowd Hall 1986). Dans ce procès, Rosalind Rosenberg, témoignant pour Sears-Roebuck, a soutenu que la discrimination
basée sur le sexe ne peut, seule, expliquer les emplois différents
occupés par les hommes et les femmes. Rosenberg met en cause,
au premier chef, les modèles culturels de la société américaine
qui conditionnent les choix professionnels des femmes. Alice
Kessler-Harris, témoignant pour la Equal Employment Oppor-
tunity Commission, a soutenu au contraire que les femmes n'ont
jamais refusé les emplois masculins qui étaient disponibles ; que
les modèles culturels évoqués par Rosenberg n'étaient pas valables pour tous les groupes sociaux ; que les critères pour déterminer les emplois « masculins » ou « féminins » avaient varié
considérablement d'une décennie à l'autre. L'issue du procès,
favorable à l'employeur, a démontré que les recherches historiques ont un impact, direct ou indirect, sur les situations
actuelles. Pour les chercheures, « la fin (scientifique) ne justifie
pas l'usage de n'importe quels moyens, l'intérêt des femmes
n'est pas subordonné à celui de la science ; la valeur et la portée
d'une recherche sont déterminées également par des considéra-
tions morales (Dagenais 1987 : 24) ». Ces propos pourront en
scandaliser d'aucuns, mais ce scandale implique souvent qu'on
se ferme pudiquement les yeux sur toutes les utilisations et les
manipulations de la science. Quoi qu'il en soit, ainsi qu'on le
verra maintenant, la pratique de l'histoire des femmes ne s'est, à
aucun moment, réalisée dans un *vacuum* critique. Au contraire,
l'autocritique et la prudence méthodologique ont systématiquement érigé des balises et des garde-fous (garde-folles ?). Il sera
utile de dresser un inventaire rapide de tous ces écrits.

La pratique de la réflexion féministe en histoire

Tout d'abord, on a mesuré l'invisibilité de la réalité-femme dans la production historique courante et dans l'historiographie, résultat d'une définition exclusivement masculine du champ de l'histoire (Schmidt et Schmidt, Van Kirk). Cette banale affirmation : « les femmes ont une histoire ; les femmes sont dans l'histoire » avait valeur de manifeste, comme l'a expliqué Gerda Lerner. La réalité des femmes est pratiquement absente de tous les livres d'histoire publiés au Québec avant 1979. Dans la récente publication l'*Histoire du Québec contemporain* (Linteau *et al.* 1979), on s'est plu à souligner que trois chapitres étaient consacrés spécifiquement aux réalités des femmes dans notre histoire collective. Mais ces chapitres ne sauraient suffire à inscrire les femmes dans l'histoire. En examinant par la suite le texte lui-même, on saisit que les auteurs se sont appropriés le thème sans renouveler les problématiques d'ensemble[2]. Il ne s'agit certes pas ici de leur en faire grief mais tout simplement d'établir un constat. La tentative de Susan Mann, dans *The Dream of Nation. A Social and Intellectual History of Quebec,* démontre justement qu'il est possible d'intégrer les actions des femmes dans la ligne directrice d'un ouvrage. Pour cette historienne, le militantisme féminin et féministe au XXe siècle fait partie intégrante de l'histoire globale du Québec.

Ensuite, on a procédé à toute une série de bilans historiographiques, parfois descriptifs, souvent analytiques ou critiques, instruments si précieux quand venait le temps d'entreprendre de nouvelles études, d'affiner ses interrogations et de confronter ses propres recherches aux tendances qui se dessinent dans les principaux pays[3]. Il semble bien que nous soyons, depuis le milieu des années 1980, dans une phase révisionniste, tentant de réévaluer les acquis de la première vague. La multiplicité des points de vue critiques devrait, au moins, rassurer les âmes inquiètes de la validité des résultats.

---

2. Reprenant récemment ce constat, je l'ai fortement étayé (Dumont 2000).
3. Voir, dans la bibliographie, tous les titres suivis d'un **B**.

Mais, également, de nombreux textes à caractère méthodologique[4] ont été publiés pour examiner les manières de contrer l'absence des femmes dans les archives ; pour explorer les possibilités d'emprunts aux autres sciences sociales ; pour interroger différemment la périodisation ; pour faire apparaître les faits réels derrière les discours normatifs qui conditionnent la vie des femmes ; pour constituer des archives spécifiques aux femmes ; pour décoder autrement la production historiographique courante. Mais il semble bien que ces mises au point méthodologiques aient peu influencé l'ensemble des historiens, car ils ont introduit ces précisions ou ces découvertes sans modifier leurs cadres d'analyse habituels.

Les plus percutantes de ces réflexions, toutefois, ont été constituées par des écrits à caractère théorique, voire épistémologique, écrits lucides qui posaient des questions fondamentales qu'il fallait résoudre si l'on voulait que l'histoire des femmes obtienne sa caution scientifique face à la corporation des historiens et si l'on voulait que les recherches entreprises se situent clairement face aux présupposés théoriques, face aux définitions traditionnelles, face aux concepts les plus souvent utilisés[5]. Car les uns et les autres étaient issus de la perspective androcentrique qui a toujours caractérisé les études historiques. Lorsque Joan Kelly-Gadol a publié *The Social Relation of the Sexes : Methodological Implications of Women's History,* bien des historiennes ont souligné la pertinence de cette réflexion, qui pouvait constituer la base d'une rupture épistémologique permettant de réévaluer toute l'expérience humaine. Trop longtemps identifiées à des phénomènes de nature, les différences entre les sexes devaient être introduites dans le champ de l'histoire. Car le discours historique traditionnel a occulté la relation sociale entre les sexes, et n'a pas vu que les rôles sexuels constituaient des phénomènes évolutifs. Les récits traditionnels sont éloquents. Qu'on se rappelle, à l'école et même à l'université : les découvertes, la traite des fourrures, les guerres coloniales, les étapes de la Constitution canadienne, les chemins de fer, les partis politiques, l'identité canadienne, le nationalisme québécois, la Révolution tranquille… il

---

4. Voir, dans la bibliographie, tous les titres suivis d'un **M**.
5. Voir, dans la bibliographie, tous les titres suivis d'un **T**.

n'y avait pas de place, dans ce scénario, pour un thème aussi extravagant que la relation sociale entre les sexes.

Mais, d'un autre côté, si on procédait à cette analyse historique des rapports hommes-femmes, il fallait que cette étude dépasse la simple description. Il ne fallait pas que l'histoire des femmes continue de documenter uniquement la petitesse du destin des femmes, les limites constantes de leur champ d'action, et surtout la répétition de tous ces gestes qui semblaient constituer les balises de la « condition des femmes ». Il ne fallait pas que les femmes, en lisant les livres d'histoire, ne découvrent que cette image collective qui leur colle à la peau depuis des siècles. Il ne suffit pas de dire, voire d'expliquer, sinon de dénoncer, ce qui a été, si cette recherche a pour conséquence de renforcer les définitions traditionnelles du pouvoir et de l'ordre social. Il faut, de toute évidence, un nouvel éclairage, et c'est l'analyse féministe qui peut modifier la lentille de l'objectif. En fait, la réflexion théorique en histoire des femmes a justement permis de privilégier une analyse inédite, la libérant ainsi souvent des pièges de l'interprétation libérale ou de ceux de l'analyse marxiste.

Est-ce que l'identité sexuelle constitue une réalité suffisante pour déterminer un destin historique collectif pour les femmes ? Il semble bien que non. La classe, la « race » interviennent profondément dans les catégories sexuelles. Certes, des avenues ont été balisées pour permettre au moins un regard différent sur l'histoire : nouvelles périodisations, interprétations féministes des événements, critique féministe des explications traditionnelles, mise en évidence des faits et gestes des femmes dans les limites culturelles qui leur ont été presque toujours assignées, examen de la culture des femmes. Mais toutes ces avenues nouvelles ne pénètrent que rarement dans les ouvrages généraux. L'habitude éditoriale, depuis une génération, d'introduire une entrée « femmes », voire « genre » dans les index des monographies ou des synthèses, ou de placer quelques photos stratégiques, ne saurait satisfaire à l'exigence d'introduire les femmes dans l'histoire. Leur réalité a été ajoutée ; elle n'a pas modifié la ligne directrice. C'est que cette entreprise est redoutable et probablement prématurée, dans l'état actuel des connaissances.

Pour y parvenir, il faudrait inventer un cadre théorique pertinent. Or, où pourrons-nous trouver les concepts, les cadres d'analyse et les catégories pour ce qui est absent, invisible, muet, pour une réalité qui ne serait pas un simple reflet dans le miroir, reflet déformé, proposant les catégories et les projets du discours dominant (Harding 1986) ? Plusieurs problématiques ont été utilisées en histoire des femmes. On peut en examiner trois : l'égalité, la différence et la subordination. Nous pourrons ainsi mieux comprendre de quelle manière l'analyse féministe peut modifier l'ensemble de la recherche historique.

L'égalité

Le concept d'égalité, après avoir suscité bien des enthousiasmes, est maintenant remis en question sur le plan théorique. L'égalité est assimilatrice et nie les différences. Bien sûr, on ne peut repousser du revers de la main le rôle joué par la revendication d'égalité dans la réforme des institutions démocratiques et dans le progrès des droits individuels. D'ailleurs, presque toutes les études sur la naissance et le développement du mouvement féministe au XIXe siècle et les théories féministes dites « réformistes » utilisent la problématique de l'égalité. Cette analyse utilise le critère des attributs masculins comme référence et les réclame pour les femmes. Ce faisant, l'histoire des femmes se place dans le sillon tracé par l'histoire des hommes. Mais l'historienne Marie-Jo Bonnet affirme au contraire : « Nous sommes dans une position privilégiée pour démontrer qu'il existe une problématique autre de l'évolution, un devenir des femmes qui remet en cause les notions mêmes de changement social, déterminisme et progrès historique (Bonnet 1984). » Les premières féministes réclamaient le droit de vote, persuadées que ce droit contribuerait à transformer la politique. Force nous est de reconnaître que l'espoir a été déçu et que les prescriptions culturelles assignées aux femmes continuent de se recycler sous des modèles différents en dépit des victoires de l'égalité. La tradition historiographique libérale aimerait bien s'en tenir à ce cadre d'analyse mais il est de plus en plus récusé par les historiennes féministes. De fait, c'est cette perspective que les livres d'histoire intègrent le plus volontiers, car elle ne dérange pas les interprétations traditionnelles. Il est clair aussi que l'équation va toujours dans ce sens : H → F et que personne n'envisage que l'égalité pourrait s'établir dans l'autre direction : F → H.

Au demeurant, rien n'est moins simple que le concept d'égalité. Dans sa recherche exemplaire sur *La Thématique contemporaine de l'égalité,* Louise Marcil-Lacoste a démontré la « polysémie prodigieuse propre à réfuter toute velléité d'établir l'univocité » du concept d'égalité. D'un corpus initial de plus de 7 000 titres traitant de l'égalité, elle a retenu 826 ouvrages dont l'objectif était d'examiner théoriquement ce concept, soit par « l'explication du concept », soit par « la tendance générale de l'argumentation », soit par « le réseau axiologique qui en définit le champ de pertinence ou de légitimation » (Marcil-Lacoste 1984 : xi). Dans cet ensemble d'ouvrages, elle en a repéré 138 qui examinent la question spécifique de l'égalité des femmes et 89, celle de l'égalité des sexes. Est-il besoin d'ajouter qu'il ne s'est dégagé aucun consensus parmi tous ces écrits ? Entre autres, écrit la philosophe, « alors que nous pensions pouvoir analyser et classifier les textes repérés à la lumière de la distinction devenue classique entre l'égalité naturelle et l'égalité culturelle, nous avons dû convenir de l'impropriété d'une distinction où le "naturel" est tour à tour biologique, génétique, psychologique, ontologique, moral, pour ne pas parler du "culturel", alternativement historique, social, politique, juridique, économique, institutionnel ou anthropologique (Marcil-Lacoste 1984 : xiii) ».

Ce flottement sémantique se retrouve dans la plupart des livres d'histoire, qu'ils soient écrits par des femmes ou par des hommes. Pour prendre un exemple facile, dans l'*Histoire du Québec contemporain*, c'est ce concept qui constitue la trame des chapitres consacrés spécifiquement aux femmes. On y trouve en effet les expressions suivantes : d'une part, inégalité structurelle, être inférieur, statut d'infériorité, situation injuste, inférieure par nature, inégalité [non spécifiée], incapacité juridique, incapacité politique, discrimination salariale, discrimination [non spécifiée] ; d'autre part, droits, droits politiques, droits juridiques, droits méconnus, égalité des sexes, égalité des salaires [non spécifiée], liberté [non spécifiée], égalité juridique, égalité formelle, égalité réelle, principe de l'égalité et égalité parfaite. On trouverait vraisemblablement la même confusion dans un grand nombre de textes écrits par des féministes. Il ne s'agit pas ici, on l'aura compris, de renoncer aux revendications multiples d'égalité juridique qui ont constitué la base séculaire de l'évolution de la condition sociale des femmes mais bien d'en contester la finalité philosophique, ce qui est absolument différent.

La différence

La problématique de la différence a généré de nombreux et passionnés débats. La différence inspirait plusieurs féministes du siècle dernier, et elle a suscité aussi un vaste éventail de recherches historiques. Dans le débat plus large nature/culture, l'histoire permettait ainsi de documenter le caractère culturel de la différence des sexes. Cette stratégie permettait aussi de rendre visibles les femmes dans l'histoire, puisqu'on se concentrait sur leur univers, leurs gestes, leurs écrits, leurs figures. Quelques textes exaltaient littéralement la féminitude. Par la suite, les historiennes identifiaient, dans la réalité différente du corps, la source de l'oppression spécifique des femmes, précisant ainsi de nouveaux objets à leur recherche : la fécondité, l'autonomie, la violence, la famille, le travail ménager, le discours sur le féminin, les rôles sociaux. Cette recherche de la différence peut même servir à l'identification d'un ensemble de contre-pouvoirs féminins. « Ne se définissant plus seulement autour d'une revendication, d'une oppression ou d'inégalités, les femmes trouvent en elles-mêmes le chemin de leur histoire (Cohen 1987 : 12) », suggère cette problématique de la différence. Yolande Cohen s'est faite la porte-parole, au Québec, de cette hypothèse [6].

Quoi qu'il en soit, il est notoire que les historiennes féministes ont multiplié les études autour du corps de la femme (sexualité, fécondité, maternité, physiologie, santé, professions proches d'une « nature féminine ») ; de même qu'elles ont multiplié aussi l'étude des discours normatifs même si cette étude prend mal en compte les pratiques sociales réelles et les modes de résistance à ce discours. Quant aux historiens, ils ont été nombreux aussi à investir ce champ de recherches. Entre autres,

---

6. Non sans sacrifier à la réalité historique. Voir Dumont 1997, 1998.

plusieurs se sont plu à rechercher les étapes et les aberrations du discours contre les femmes, et on ne sait trop si leur insistance n'est pas une manière d'exprimer leur misogynie. Les études masculines sur le viol, sur la prostitution, sur la pornographie produisent souvent de tels effets pervers.

Par ailleurs, les historiens dominent plusieurs secteurs essentiels à l'histoire des femmes et en ont souvent masculinisé les perspectives. On en trouve un exemple frappant dans le champ de l'histoire de la famille. En 1980, un groupe d'éminents historiens s'est rassemblé à Bellagio en Italie, pour discuter des pratiques et des courants historiques dans les principaux champs de la recherche. Parlant de l'histoire de la famille, l'historien britannique Lawrence Stone décrivit l'énorme production de ce secteur, notamment en Angleterre, en France et aux États-Unis (Stone 1982). Plus de 800 livres et articles scientifiques avaient été publiés entre 1972 et 1976, et le mouvement a maintenu ce rythme depuis cette date. En ce moment, lire la totalité de la production en histoire de la famille constitue un travail à temps plein. L'examen de Stone permet de saisir toutefois que les cadres d'analyse adoptés par les historiens ont été considérablement publicisés et que les points de vue féministes sur l'histoire de la famille sont souvent marginalisés, voire occultés. Des historiennes ont avancé « que le concept de famille a été excessivement objectivé au lieu d'être présenté comme une institution culturelle, comme une idéologie dirigée vers un objectif social plus ample : l'enfermement des femmes dans la maison et dans une classe sociale donnée ; que l'histoire des femmes était le plus souvent dissimulée dans l'histoire de la famille : [...] que le mode de reproduction sociale montre que la famille n'est qu'un agent, parmi plusieurs, continuellement transformé par le procès dialectique du capitalisme lui-même (Rapp *et al.* 1983 : 232) ». Il a fallu deux historiennes féministes, Louise Tilly et Joan W. Scott, pour proposer des aperçus véritablement nouveaux sur l'histoire de la famille et pour montrer que l'histoire de la famille était indissociable de l'histoire du travail (Tilly et Scott 1987). Les deux bilans publiés par *La Revue d'histoire de l'Amérique française* en 1985, signés par Martine Segalen et Tamara J. Hareven, illustrent à quel point l'histoire des femmes est devenue invisible dans le champ de l'histoire de la famille (ou des familles ?). Les mots « accouchement » et « grossesse » sont devenus des termes qui relèvent de l'histoire de la médecine : ils ne figurent pas dans les livres et les articles sur l'histoire de la famille. Et pourtant, depuis des siècles, les femmes enceintes « partent pour la famille ».

On retrouve enfin la problématique de la différence dans de très nombreux ouvrages où sont documentés l'enfermement des femmes, la séparation entre les sexes et les timides réalisations féminines dans le domaine des arts et des sciences. Les femmes artistes du XIXᵉ siècle signaient leurs tableaux « By a lady ». On conçoit que les histoires de l'art n'aient pas retenu leurs noms !

Au fond, la différence des sexes comme cadre d'analyse a peu ébranlé l'ensemble de nos connaissances sur l'histoire de l'humanité. Le concept de différence semble donc rempli de pièges qu'il n'est pas facile de contourner. Il faut donc répéter la vérité de cette affirmation : les historiens doivent reconnaître que l'identité et les rôles sexuels sont des phénomènes historiques, qui exigent par conséquent une analyse historique. Joan Kelly avait raison : plus que la différence entre les sexes, c'est la **relation** entre les sexes qui doit être étudiée historiquement. Cette affirmation se retrouve sous la plume des principales théoriciennes féministes. Natalie Davis : « L'objectif est de comprendre la signification des sexes, des genres, dans le passé historique. Notre but est de découvrir la variété des rôles sexuels et du symbolisme sexuel dans les différentes sociétés, de découvrir ce qu'ils signifiaient et comment ils fonctionnaient pour maintenir l'ordre social ou orienter sa modification (Davis 1976). » Joan W.-Scott : « L'idée est d'examiner les définitions sociales du genre, puisqu'elles sont élaborées par les hommes et par les femmes, puisqu'elles sont des institutions construites qui assurent l'expression de toute une panoplie de relations qui ne comprennent pas uniquement le sexe, mais également la classe et le pouvoir (Scott 1983). » Michelle Perrot : « On le voit, il ne s'agit pas de constituer un nouveau territoire qui serait l'histoire des femmes, tranquille concession où elles se déploieraient à l'aise, à l'abri de toute contradiction ; mais bien davantage de changer la direction du regard historique, en posant la question du rapport des sexes comme centrale (Perrot 1984 : 15). »

De la différence entre les sexes à la relation entre les sexes : la subordination

L'histoire culturelle semble provisoirement la plus appropriée pour examiner la relation sociale entre les sexes. Il faut ajouter tout de suite que l'appartenance à l'un ou l'autre sexe se différencie des croyances, des attitudes, des codes dans une société donnée. Il est juste aussi de remarquer que cela différencie les sociétés entre elles. Grâce à ce paramètre, de nouveaux domaines de recherche aux acquis stimulants ont été ouverts dans le champ illimité de l'histoire sociale et de l'histoire des mentalités.

Une constatation troublante s'impose. Ce rapport est difficile à fixer dans l'objectif de nos instruments de recherche. Donnons-en un exemple facile à identifier. De nombreuses recherches ont repéré, en France surtout, les modes de sociabilité masculine et féminine ainsi que les lieux où cette sociabilité s'est produite. Or, ces lieux sont presque toujours différents. De plus, les recherches démontrent que les lieux de sociabilité masculine, variables selon les époques, sont les suivants : les abbayes de jeunesse, les parties de chasse, les casernes, les tavernes, les cafés, les fumoirs, les clubs. Les lieux féminins sont le lavoir, le four, la fontaine, le marché, le salon, la maison. Hommes et femmes se rencontrent peu. Mais il y a plus : on doit noter que les lieux masculins sont presque tous des lieux de loisirs alors que les lieux féminins sont des lieux de travail… (Dauphin 1986 : 274). De tels constats permettent d'avancer que l'analyse des modèles culturels pose le problème des rapports entre ces modèles et l'exercice du pouvoir. Les femmes ont-elles des pouvoirs ? Ont-elles le pouvoir ? La nuance est importante et autorise une réflexion nouvelle sur l'autre série de concepts qui ont été utilisés en histoire des femmes, le couple domination masculine/oppression féminine, et ce, quel que soit le vocabulaire utilisé : subordination, sujétion, oppression, pouvoir, libération.

Au début des années 1970, cette dialectique domination masculine/oppression féminine occupait tout le terrain ; on négligeait le plus souvent les systèmes de variations culturelles fréquents et complexes, voire les formes de pouvoir exclusivement féminines pour mieux documenter et dénoncer l'oppression millénaire des femmes. Cette omission a très justement suscité des critiques envers les premières dénonciations des historiennes féministes, et plusieurs recherches ont voulu documenter les modes positifs de l'univers des femmes. Si les femmes ont leur version du sens social, si elles ont l'usage de pratiques destinées à aider la communauté entière à passer de la vie à la mort, il devient évident qu'elles possèdent du pouvoir. Mieux, des recherches ont démontré que pour conserver ces pouvoirs, dans certaines sociétés ou groupes sociaux, les femmes elles-mêmes ont contribué à maintenir les modèles de la domination masculine et ceux de la subordination féminine. On a d'ailleurs volontiers utilisé le concept de complémentarité des sexes pour caractériser, notamment, les rapports entre maris et femmes.

La pratique intensive de l'histoire culturelle (au sens anthropologique) en France a donné lieu à de nombreuses recherches, tant par les femmes que par des hommes, qui ont ainsi réorienté l'analyse globale de la réalité. On arrive aussi à préciser de nouveaux concepts : l'autorité masculine *versus* les pouvoirs féminins (dans la famille, les rites de la naissance, la production domestique, la symbolique, etc.). Mais ne nous leurrons pas. La mise à jour des « pouvoirs féminins » comporte un risque : au nom de la complémentarité des pouvoirs, on peut masquer l'inégalité de la relation entre les sexes : souvent il s'agit d'une complémentarité de subordination. Il faut aussi rechercher les valeurs et symboles qui sont attachés à chaque fonction. On néglige aussi souvent de faire apparaître les modalités de la contestation féminine de cet ordre social, ou on tente de la neutraliser sous le couvert du concept de marginalité. L'aspect fonctionnel de la complémentarité ne doit donc pas dissimuler la fragilité des équilibres (réels ou symboliques) entre les deux univers masculin et féminin.

Par ailleurs, l'habitude méthodologique, depuis une génération, de référer aux différents niveaux temporels, le temps long, le temps conjoncturel et le temps court a pour conséquence de ne jamais faire intervenir les « faits » féminins sur le même tempo que les « faits » masculins. Pour l'histoire des femmes : la longue durée, celle des attitudes, des mentalités, des normes, des rites, etc. Pour l'histoire traditionnelle : le temps conjoncturel ou événementiel, celui des guerres, des politiques, des révolutions, des entreprises, etc. Or, les objets de la longue durée (la famille, le couple, l'amour, le travail domestique, etc.) sont précisément ceux qui mettent en jeu le plus quotidiennement la différence des sexes, et surtout les rapports entre les sexes, et on se retrouve, ce faisant, à les exclure des études historiques axées sur le temps court (Dauphin 1986 : 278). Les lieux de tension entre les sexes sont donc exclus des interrogations de l'histoire politique ou de l'histoire économique, qui poursuivent leurs analyses en toute bonne conscience : le temps long n'intervient pas directement dans leur perspective. Ainsi, l'histoire du rapport entre les sexes ne parvient pas à « sortir » de la vie privée : elle ne peut donc influencer la pratique de l'histoire, encore si souvent associée au politique.

Pourtant, il existe des exemples des rapports directs entre l'histoire des femmes et l'histoire politique. La tradition libérale a coutume d'associer le féminisme originel à une manifestation des mouvements révolutionnaires (masculins) puis réformistes du XIXe siècle, lesquels se résorbent en même temps que soufflent les vents du conservatisme après 1918. On peut toutefois suggérer une autre lecture. Au XIXe siècle, ce sont les femmes des classes supérieures qui ont d'abord proposé une interprétation plus large de la réalité socio-économique. Elles ont développé de nouvelles approches du problème de la pauvreté urbaine. Pour la première fois, les femmes des classes moyennes étaient dans une position leur permettant de formuler des jugements que seules les femmes de la royauté auraient été en mesure de formuler dans l'ancien régime. Cette nouveauté a produit des tensions. Lorsque les femmes ont commencé à réclamer des droits, elles avaient la certitude que leurs demandes étaient raisonnables. « Leur conscience féministe est apparue, nous dit Elise Boulding, comme la conséquence de la réaction violente des hommes à l'égard des entreprises pragmatiques choisies par les femmes. Il n'y avait là aucune théorie imposante de l'évolution historique, simplement la conviction que les droits des hommes étaient également les droits des femmes (Boulding 1976 : 620). »

C'est ce que souligne également le collectif responsable de l'article « Culture et pouvoir des femmes : essai d'historio-graphie » publié dans *Annales ESC* en 1986. « Au lieu d'entériner le fait que la vie politique soit un espace d'absence féminine, au lieu de suivre les récits qui minimisent systématiquement les moments où les femmes interviennent, on peut proposer de réévaluer à l'aune du politique différents événements où les femmes participent à l'histoire. Réévaluer, c'est-à-dire penser comme une intervention politique ce qui en général s'interprète comme un fait social ; percevoir les femmes dans un temps histo-rique où la singularité de l'événement est aussi importante que la répétition des faits culturels (Dauphin 1986 : 288). »

À l'intersection du réformisme et de la révolution indus-trielle, se situerait donc une zone de frictions entre les sexes qui a échappé à l'histoire politique traditionnelle (le féminisme n'était qu'un chapitre marginal de l'histoire du réformisme) et même à l'histoire du féminisme, laquelle a négligé les aspects privés et domestiques des premières luttes féministes. Il ne suffit donc pas de reconstituer des discours et des savoirs spécifiques aux femmes, ni même de leur attribuer des pouvoirs oubliés. Il faut maintenant comprendre comment une culture féminine se construit à l'intérieur d'un système de rapports inégalitaires ; comment ses attributs se voient disqualifiés ; comment se consti-tuent et se maintiennent les mécanismes d'exclusion ; comment se modifient les textes justificatifs de la différence entre les sexes ; comment s'opère l'occultation des résistances féminines. Ainsi, l'accent mis sur le rôle important des femmes à certains niveaux de la vie sociale ne doit pas refouler le problème central de la domination masculine. Il semble même que les groupes sociaux ont tendance à sous-estimer les conflits et les contradictions qui entachent les beaux tableaux « complémentaires » de la vie privée que commencent à dresser les historiens. Dans les ouvrages d'his-toire, le rapport dialectique entre la domination masculine et la subordination/oppression féminine s'est très souvent vu neutra-lisé sous le couvert de « nouveaux » cadres théoriques : celui de complémentarité, celui des pouvoirs féminins, celui de margina-lité, celui de l'opposition public/privé.

Depuis la fin de la Seconde Guerre mondiale, l'histoire a semblé quitter les avenues de la politique, de la diplomatie et de la guerre et s'est lancée dans le défrichage des territoires encore inexplorés de l'histoire économique, démographique, sociale et culturelle. En même temps, la discipline a amorcé une rupture méthodologique significative, laquelle s'est concrétisée par des modifications radicales dans son écriture, le recours aux cadres conceptuels et aux méthodologies des autres sciences sociales. Surtout, les praticiens ont abandonné le postulat que l'histoire s'intéresse surtout à ce qui n'est arrivé qu'une seule fois et ont avancé qu'au contraire, la validité scientifique ne serait obtenue que si l'histoire se concentrait sur les phénomènes récurrents. Cette triple mutation aurait pu être favorable à l'insertion de l'histoire des femmes dans l'histoire. Mais on a vu que les cadres théoriques utilisés ont continué de maintenir l'histoire des femmes à la périphérie de la discipline. On n'a pas encore modifié la lentille de l'objectif.

Il est certes possible de procéder à des analyses différentes. L'histoire des femmes écrite par des femmes dans une perspective féministe pose les femmes comme sujets de l'histoire. C'est là, je pense, une rupture fondamentale. Ce faisant, les historiennes se situent en effet dans « le territoire de l'historien » et y occupent une position qui semble encore inquiétante. Car elles interrogent autrement les pratiques sociales, les discours, les images, les dichotomies nature/culture, privé/public, pouvoir/subordination. On pourrait présenter un bilan sur le nombre d'historiennes féministes dans les divers départements. Il y en a peu. Mais au moins une par département. Elles ont été tour à tour redoutées, exclues, tolérées, recherchées (pour la bonne conscience) et on tente même en ce moment de les banaliser sous le fallacieux prétexte que l'histoire des femmes est reconnue. Leur situation semble très proche du statut d'historienne-alibi, aux yeux de leurs collègues.

Même analyse pour l'objet de l'histoire. En consultant les grandes revues, on pourrait calculer le nombre d'articles, de livres recensés, de questions abordées et procéder au même exercice pour les congrès scientifiques. On récolterait sans doute un maigre lot : tout au plus suffisant à affirmer que le secteur existe, qu'il est même brillant, stimulant, novateur. Dans quelques bilans historiographiques récents, des historiens ont décrit cette réalité comme une illustration du misérabilisme, selon Michel Brunet[7], une mode, selon Serge Gagnon[8] ou, plus justement, un secteur nouveau qui est loin d'avoir acquis le degré de développement auquel il est promis, selon Fernand Ouellette (Ouellette 1985, 1988). Misérabilisme, non ! Mode, encore moins ! Mais très certainement un secteur en voie de développement.

Ce n'est sans doute pas un hasard si les historiennes présentées au début de ce texte tenaient des propos si contrastés sur le statut de l'histoire des femmes. La fécondité des Women's Studies aux États-Unis explique peut-être que l'on ait moins d'objection à s'y présenter comme spécialiste en histoire des femmes. Stratégie provisoire sans doute mais absolument indispensable pour assurer la visibilité de ce créneau ; pour affiner de meilleurs cadres conceptuels ; pour imposer la validité de ses analyses et de ses débats. C'est bien à tort, me semble-t-il, que Michelle Perrot appréhende ce nouveau ghetto où les femmes s'enfermeront, excluant toute confrontation, toute influence (Perrot 1984 : 150). En histoire des femmes, on l'aura compris, l'unanimité n'existe pas, les révisions critiques ont été constantes et la confrontation est permanente. Ce sont les forteresses des certitudes androcentriques qui sont difficiles à investir. Et c'est pourquoi les timides acquis de la recherche récente sont si peu visibles dans les synthèses de la dite « nouvelle histoire ».

Ce qu'on observe en ce moment, c'est bien plutôt que les recherches des historiennes féministes ne sont pas prises en considération par les autres historiens-historiennes ou alors qu'ils ou elles en ont gommé l'interprétation qui les rendait quelque peu subversives. Les femmes sont dans l'Histoire. Seule une tradition abusivement androcentrique les a longtemps ignorées dans les livres d'histoire. Pour reprendre Elizabeth Fox-Genovese : « L'histoire des femmes pose un défi à l'histoire dominante non pas pour substituer le récit du sujet féminin au récit du sujet masculin, mais plutôt pour restaurer le conflit, l'ambiguïté et la tragédie au centre du processus historique afin

---

7. Au congrès de l'Institut d'histoire de l'Amérique française en 1983.
8. Au congrès de la Société des professeurs d'histoire du Québec en 1987.

d'explorer les termes inégaux et variés par lesquels les genres, les classes et les races ont participé à la constitution d'une destinée commune (Fox-Genovese 1982 : 29). »

Quand nous verrons, dans les livres de démographie historique, la réalité des femmes sous les taux de fécondité et de nuptialité ; quand nous lirons, dans les chapitres ou les livres consacrés à l'économie, des sections sur le travail ménager ou le rôle économique des femmes dans l'entreprise familiale ; quand les chapitres ou les livres portant sur le syndicalisme, le travail salarié, l'agroforesterie, l'émigration, l'immigration révéleront la part réelle (et encore cachée) des activités des femmes ; quand le suffrage féminin deviendra une section d'un chapitre d'histoire politique et non pas d'un chapitre consacré aux femmes ; quand les études consacrées à l'Église et à l'école feront une large place aux structures destinées aux femmes ; quand les idéologies élaborées pour ou contre, par et sur les femmes figureront dans les études sur les idéologies... L'histoire des femmes est encore récente : le travail à faire est loin d'être épuisé.

L'enseignement, la recherche sont au cœur de cette entreprise. Et il est certain que les historiennes ne peuvent compter que sur elles-mêmes pour établir le corpus de ce nouveau savoir et surtout s'assurer qu'il ne se réduira pas à de petites additions qui ne dérangent rien. Au fond, les risques de l'assimilation me paraissent beaucoup plus grands que ceux du séparatisme. Pendant des millénaires, les femmes ont agi dans l'Histoire et les historiens ne les ont pas vues. Peut-être les historiennes engagées dans l'entreprise de structurer cette réalité seront-elles plus visibles en marchant en dehors des rangs ?

Chapitre 7

Une nécessaire déconstruction
1993

La question que je posais en 1987 – séparatisme ou assimilation ? – mettait surtout en évidence la différence de plus en plus
marquée entre les historiennes américaines et les historiennes
françaises. La traduction d'un article important de Joan W. Scott
en 1988, « Le genre : une catégorie utile d'analyse historique »
(Scott), avait suscité des réactions mitigées en France. De la
même manière, la traduction en anglais de l'article publié par les
Françaises dans *Les Annales*, dans le tout premier numéro du
Journal of Women's History, avait suscité des critiques de la part de
plusieurs historiennes américaines, lesquelles estimaient que les
propositions avancées en France pouvaient difficilement s'appli-
quer à l'histoire américaine. Lisant les unes et les autres, je me
sentais de plus en plus américaine.

Or, la pensée de Joan Scott soulevait des propositions éclairantes. J'y découvrais un instrument d'analyse magistral pour
faire avancer la réflexion. Le droit, la philosophie, l'histoire
avaient toujours achoppé sur la question de l'opposition égalité/
différence entre les hommes et les femmes. Scott présentait une
conception du genre très large, qui incluait les symboles (donc le
langage), les normes et les institutions, mais aussi les relations
sociales et la construction de l'identité personnelle, ce qui permettait de suivre les processus de formation des idées et leurs

répercussions à travers l'histoire. Elle affirmait que le genre constitue un angle privilégié pour saisir les formes du pouvoir, et elle démontrait que dans la vaste panoplie d'instruments ayant servi à inférioriser les femmes, la science historique elle-même jouait un rôle central. Elle dénonçait aussi l'impérialisme d'une pensée binaire qui oppose les concepts par paires – matière/forme, nature/culture, privé/public, pensée/corps, etc. – dans une mécanique intellectuelle où les femmes se retrouvent presque toujours mises en subordination, sans égard à la réalité concrète des situations.

À partir du début des années 1990, il était devenu impossible de tout lire. Mes classeurs débordaient de photocopies. Les rayons de ma bibliothèque croulaient sous les ouvrages. Chaque nouvelle acquisition allongeait sans cesse la liste des textes à lire. J'avais le sentiment de ne plus pouvoir suivre le rythme. Mais la réflexion théorique sur l'histoire des femmes prenait alors un virage important. Enfin, cela avait commencé plus tôt, mais je ne l'ai découvert qu'à ce moment-là. Les théories poststructuralistes déferlaient dans les congrès et les publications. Le langage utilisé décourageait les plus aguerries. Pour ma part, j'éprouvais une certaine lassitude à décoder tous ces articles difficiles autour de concepts élaborés pour la plupart par des théoriciens masculins (Derrida, Lacan, Foucault) mais qui, curieusement, nous arrivaient par le biais de leurs lectrices américaines. Le savoir perdait progressivement son aura d'objectivité : tout, le langage, les concepts, les théories, demandait à être déconstruit puisque le savoir lui-même était le résultat de l'organisation sociale, puisque le savoir était une forme de pouvoir. « Am I that name ? », demandait l'historienne Denise Riley, exprimant par là que même le concept de « femme » devait être déconstruit, tout comme le concept d'« homme ».

Par ailleurs, les milieux intellectuels venaient d'entrer dans un débat omniprésent autour du postmodernisme. Ce nouveau courant de pensée était singulièrement paradoxal pour la perspective féministe. D'une part, les femmes tentaient depuis plus de deux décennies de briser l'exclusion politique et sociale résultant des présupposés philosophiques issus de l'époque des Lumières. Or, à l'heure où elles accédaient, semble-t-il, à l'égalité, à la justice, à la citoyenneté, à la raison, voilà qu'on leur signifiait que ces concepts étaient en train de se désagréger dans le tourbillon du postmodernisme. D'autre part, le postmodernisme permettait aussi de faire éclater le sujet universel et les récits dominants qui avaient exclu tant de minorités. Les historiennes québécoises du Comité canadien de l'histoire des femmes se rencontraient régulièrement pour discuter de ces nouvelles perspectives, et je n'étais pas toujours sûre de suivre.

Au même moment, une équipe éditoriale internationale mais très majoritairement française, sous la direction de Georges Duby et Michelle Perrot, commençait à publier la série *Histoire des femmes en Occident*. Comme l'a montré Françoise Thébaud, cette œuvre monumentale illustrait « le *gender* à la française » (Thébaud 1998 : 131). Et cette conception du genre suscitait des critiques parfois sévères de la part des historiens (Stone 1994) et historiennes. L'édition américaine de l'ouvrage a même été précédée d'une préface critique des éminentes historiennes Natalie Z. Davis et Joan W. Scott, qui n'y retrouvaient pas les débats intenses de la recherche américaine, notamment sur les interrelations entre la race, la classe et le genre, ou sur la construction du genre et de la sexualité. Il semblait qu'à l'heure où la réflexion théorique sur l'histoire rendait pratiquement impossible toute tentative de synthèse universelle, cette synthèse était pour le moins partielle, trop européenne, trop française, et prématurée.

Invitée à prononcer un discours lors de ma réception à l'Académie I de la Société Royale du Canada, j'ai choisi d'expliquer le b a-ba de l'histoire des femmes à mes collègues, en tentant moi-même de déconstruire une série d'idées reçues sur l'histoire en général et sur l'histoire des femmes en particulier. Je voulais surtout mettre en relief la fonction discursive de l'histoire traditionnelle et l'occultation des gestes et des paroles des femmes dans ce récit soi-disant universel. On oublie, en effet, que l'histoire est la plus ancienne des sciences sociales et que ses modèles millénaires ont imposé des normes qui ont apparence de vérité historique. Ces normes constituent un discours en soi, du seul fait d'être présentes dans presque tous les livres.

L'histoire des femmes

D'entrée de jeu, il faut préciser ce que l'histoire des femmes n'est pas : une histoire où on parle des femmes. Les hommes, on le sait, ont exercé longtemps le monopole de l'écriture et ils ont écrit un certain nombre d'ouvrages sur les femmes dans l'histoire. En caricaturant un peu, on pourrait dire qu'ils ont surtout présenté une vision manichéenne de la réalité des femmes, ange ou démon, Marie ou Ève, mère ou prostituée. Plutarque lui-même avait sans doute inauguré le genre avec un ouvrage sur les femmes de Sparte, dont il vantait la haute moralité. Mais c'est la *Querelle des femmes*, au XVe siècle, qui a suscité le plus grand nombre d'ouvrages sur la question, suivie, quelques siècles plus tard, par les innombrables histoires d'alcôve. Au fond, ce type d'ouvrage ne nous renseigne pas sur le passé des femmes. Il ne représente qu'une modalité du discours masculin sur les femmes. On retrouve ce discours chez nous dans les couplets patriotiques sur la fécondité légendaire de nos mères, sur l'héroïsme des fondatrices du XVIIe siècle ou sur la vie libertine en Nouvelle-France.

L'histoire des femmes est autre chose. Il faut que la réalité même de la vie des femmes constitue l'objet de l'analyse et surtout que cette réalité soit présentée comme centrale dans l'évolution de l'humanité. Les femmes ne sont pas des figurantes fugitives, présentées comme accessoires ou comme accidents dans le déroulement de l'histoire traditionnelle.

Elles sont créatrices du changement social. Au fond, c'est le sujet même de l'histoire qui doit être changé puisque les femmes constituent la moitié de l'humanité. Le sujet : celui ou celle qui agit.

Trois affirmations sur le rapport des femmes à l'histoire

Pendant longtemps, on a cru que les femmes n'étaient pas dans l'histoire. Il suffisait de feuilleter les livres d'histoire pour s'en convaincre. Certes, il y avait bien ici ou là quelques figures. Mais la règle tacite a consisté longtemps à occulter même ces figures incontournables. En 1967, l'historien américain William McNeil réussissait le tour de force de publier un ouvrage de mille pages, *A World History*, qui ne mentionnait qu'un seul nom de femme : Catherine de Russie (Carroll 1976 : 26).

On laissait également entendre que les femmes n'avaient pas d'histoire : leur destin était fixé par la nature et il ne pouvait pas évoluer. « La nature a fait les femmes davantage comme les enfants, écrivait Havelock Ellis en 1894, afin qu'elles puissent mieux comprendre et soigner les enfants. » Le temps des femmes était répétition. Le temps des hommes était évolution et progrès.

De là la troisième affirmation : les femmes ne font pas l'histoire. Leurs gestes ne sauraient déclencher les péripéties qui amorcent des changements dans les institutions humaines. C'est qu'on avait donné de l'histoire, nous rappelle Carl Degler, une définition qui ne retenait comme proprement historiques que les aspects de l'expérience humaine qui constituent l'activité des hommes : la guerre, la politique, la diplomatie, les affaires. Et pourtant ! Même quand les femmes sont entrées dans l'histoire politique, on a occulté leur participation. Dans les faits, l'importance des actions politiques des femmes est si nette, qu'on s'étonne que les livres d'histoire traditionnelle n'aient jamais retenu ces actions dans leurs analyses des révolutions et des mouvements sociaux du XIXe et du XXe siècle. Arlette Farge, évoquant les émeutes des XVIIe et XVIIIe siècles européens, parle des « évidentes émeutières » (Farge 1991) pour décrire la participation nécessaire des femmes. Aux États-Unis, pour obtenir d'enlever le mot « homme » de la Constitution américaine, les militantes ont dirigé en 72 ans 56 campagnes référendaires, mené 487 campagnes auprès des législatures des différents États ; elles ont lancé 46 campagnes pour obtenir que les États accordent le droit de vote aux femmes, 277 campagnes pour obtenir que les partis politiques inscrivent ce droit dans leur programme ; elles ont participé à 30 campagnes pour que les congrès de candidatures à la présidence en fassent autant (French 1986 : 225). En Angleterre, le mouvement des suffragettes maintenait, avec le seul argent des cotisations de ses membres, une organisation de 80 personnes salariées au début du siècle. Les suffragettes occupaient en permanence la une des journaux, multipliant les manifestations spectaculaires, les grèves de la faim et les actions d'éclat (Vicinus 1984). En France, des féministes ont réussi à publier de 1897 à 1903 un quotidien, *La Fronde,* animé par la journaliste Marguerite Durant (Klejman et Rochefort 1989). Cherchez bien dans les livres d'histoire. On mentionne à peine que les femmes ont obtenu le droit de vote. Et, très souvent, on ajoute que c'est pour les remercier de leur participation à l'effort de guerre. Pas un mot sur leurs actions, leurs analyses et leurs revendications. Les féministes auraient-elles couru à côté d'un tapis roulant en marche ?

Réflexions sur la pratique de l'histoire

Il faut réfléchir sur l'apparition, le concept et la tradition du mot *histoire*. Des millénaires se sont écoulés entre l'émergence de l'humanité et les premières écritures. Pendant ces lointaines époques, on est réduit à des conjectures et à des hypothèses pour comprendre par quels mécanismes se sont transmis les éléments de la mémoire collective. Lorsqu'apparaissent les premières écritures, cette invention magistrale est contemporaine de la révolution néolithique et de ce qu'il est convenu d'appeler la naissance de la civilisation. Elle est contemporaine également de l'apparition des grandes traditions patriarcales qui ont établi les bases culturelles et politiques de la subordination des femmes. Or l'écriture, donc la pensée, le pouvoir, la loi, la religion, a été détenue par une petite minorité constituée exclusivement d'hommes. Et l'histoire est tout de suite devenue un matériau central qui a contribué à maintenir cette suprématie et ces institutions. Elle a également contribué à présenter cette suprématie comme naturelle.

L'historienne américaine Gerda Lerner a bien montré, après tant d'autres, que le mot *histoire* recouvre à la fois l'ensemble du passé de l'humanité et la connaissance que nous en avons. Dans les faits, les femmes ont été agentes de l'histoire, comme les hommes ; elles ont été centrales et non marginales ; elles ont conservé la tradition, comme les hommes. Mais l'histoire écrite n'a jamais tenu compte de l'ensemble de la réalité. Elle a été la création d'une minorité qui s'en est servie pour justifier et imposer sa domination. Et c'est cette minorité qui a imposé son choix, son interprétation. Ce que les femmes ont fait a été laissé de côté et jugé insignifiant. Ce qui fait qu'on doit conclure que l'histoire est partielle : elle oublie le plus souvent les femmes. Elle est également partiale : elle ne présente que le point de vue des hommes, tout en le considérant comme objectif et universel. Par conséquent, on a conceptualisé les femmes essentiellement comme des victimes, des dominées. On a systématiquement occulté leur rôle actif. On les a, en fin de compte, empêchées de formuler des théories. Faire l'histoire des femmes, c'est donc pallier cette triple occultation. C'est affirmer : les femmes sont dans l'histoire ; les femmes ont une histoire ; les femmes font l'histoire.

L'histoire des femmes : une entreprise critique

Mais la tâche n'est pas facile. Pour découvrir ce qui s'est vraiment passé, on est ligoté par le langage lui-même, par les concepts (les hommes des cavernes, le droit de cuissage, le suffrage universel, les droits de l'homme, la population active), par la tradition. On est prisonnier des archives, accumulées et rassemblées principalement par des hommes et où souvent les historiennes cherchent en vain des traces de femmes. On est prisonnier de la périodisation qui impose ses césures et ses dénominations. Comme l'a montré Joan Kelly dès 1976, trois grandes dates de l'histoire universelle, la démocratie athénienne, la Renaissance italienne et la Révolution française ne sauraient mériter ces fleurons si on se place du point de vue des femmes. Par ailleurs, on est sans cesse aux prises avec les manifestations omniprésentes du discours des hommes sur la réalité des femmes. Dans la publication prestigieuse qui vient de paraître en plusieurs langues et en cinq gros volumes, *L'Histoire des femmes en Occident*, ouvrage collectif dirigé par Michelle Perrot et Georges Duby et qui réunit les recherches de 75 collaboratrices et collaborateurs d'une dizaine de pays, plus de la moitié des articles sont consacrés aux représentations des femmes dans les discours masculins.

Malgré deux décennies de recherches intensives, de bibliographies interminables, malgré plusieurs revues savantes, *Journal of Women History* et *Gender and History,* malgré des démonstrations éclairantes, des perspectives inédites, des monographies innombrables, il y a des pans complets de la réalité des femmes qui nous échappent encore. Surtout, ils continuent d'échapper aux historiens. Les femmes ont été exclues de l'interprétation du passé de l'humanité, et la nouvelle interprétation que les historiennes proposent n'infléchit guère le récit majoritaire. L'histoire aurait-elle été la même si les femmes avaient pu exprimer et imposer leur point de vue sur la guerre ? Il faut poser la question. Car, en histoire, tout est interprétation. L'histoire est un discours sur le passé de l'humanité. On en a la preuve dans l'idée qu'en ont la majorité des gens. L'histoire, c'est la guerre, la politique, la constitution.

Je discutais un jour avec un concitoyen qui s'étonnait que j'enseigne à l'université :

- Dans quel département êtes-vous ?
- Au département d'histoire.
- Ah, vraiment ! Quelle période enseignez-vous ?
- J'enseigne l'histoire des femmes.
- L'histoire des femmes ? Mais ça commence quand ?
- Ça commence au commencement, monsieur !

Et pourtant, depuis un quart de siècle, l'histoire a modifié considérablement ses problématiques et ses objets d'étude. À l'histoire traditionnelle et politique qui voyait le monde d'en haut, elle a substitué progressivement une histoire sociale qui s'intéresse aux anonymes, à l'ensemble de la population, aux marginaux, aux phénomènes démographiques, aux sentiments, aux mentalités. L'histoire est devenue plurielle, et ce renouvellement a certes contribué à l'expansion et au développement de l'histoire des femmes.

En même temps, le dynamisme et la multiplicité des mouvements de femmes, depuis 1965, a également contribué à multiplier les interrogations concernant le passé des femmes. Les militantes se sont interrogées sur les origines de la subordination des femmes. Elles ont également sorti de l'ombre les racines d'un puissant mouvement social des deux derniers siècles : le mouvement féministe. Ces racines sont profondes. Un exemple pourra l'illustrer. Relativement tôt, les femmes ont vu dans la Bible une des sources les plus influentes de la subordination des femmes. À différentes époques, des femmes en ont donc proposé une lecture critique, une lecture qu'on pourrait qualifier *a posteriori* de « féministe ». L'Allemande Hildegarde von Bingen au XIIe siècle ; la Française Christine de Pisan au XIVe siècle ; l'Italienne Isotta Nogarola au XVe siècle ; l'Anglaise Anne Askew au XVIe siècle ; la Hollandaise Anna Maria von Schurman au XVIIe siècle ; l'Anglaise Mary Astell au XVIIIe siècle ; les Américaines Sarah Grimké et Elizabeth Cady Stanton au XIXe siècle, toutes ont réinterprété différemment le récit de la Création et celui du péché originel. Et cette liste de femmes est incomplète, d'après les recherches de Gerda Lerner (Lerner 1993) !

Mille ans de critique féministe de la Bible ! Et cependant, chacune de ces femmes lettrées a dû tabler sur ses propres forces pour établir la trame de sa démonstration. En effet, les ouvrages écrits par des femmes n'ont connu aucune diffusion. Ils ont été oubliés par les commentateurs. On vient seulement de les exhumer des bibliothèques poussiéreuses grâce aux recherches patientes des chercheuses féministes. Aucune tradition n'a pu se construire. La déconstruction critique opérée par les femmes ressemble à cette toile de Pénélope, toujours recommencée, toujours à refaire.

La pratique de l'histoire des femmes

C'est pourquoi il est déjà intéressant d'examiner les principales formes qu'a prises cette recherche scientifique depuis les premiers écrits des années 1970. Tout comme l'histoire traditionnelle avait commencé par l'histoire vue d'en haut, une des premières formes a été représentée par l'histoire des femmes éminentes, par la publication de dictionnaires de femmes célèbres. Ce type d'histoire, singulièrement compensatoire, suscite la critique suivante : pour entrer dans l'histoire, les femmes doivent-elles échapper au destin des femmes et remplir un rôle traditionnellement masculin ? On sent bien que l'histoire des femmes doit être autre chose.

La deuxième forme a été constituée par les innombrables études sur le mouvement féministe. Cette histoire a ses traditions et des interprétations révisionnistes ont déjà commencé à supplanter les premières analyses qui avaient été produites. Malgré le caractère éminemment novateur de ce type d'histoire, on peut également en faire la critique. Cette histoire endosse une vision libérale et masculine de l'histoire qui présente l'humanité en marche vers l'égalité et le progrès. Elle suppose aussi que les femmes entrent dans l'histoire lorsqu'elles entrent dans le monde des hommes, soit en y participant, par leur rôle dans toutes les révolutions, soit en s'y opposant. Cette histoire suppose également qu'on privilégie des comportements traditionnellement masculins : faire des discours, des revendications, des réunions, des associations ; publier des revues, des manifestes. Ces documents constituent souvent d'ailleurs les seules archives produites directement par les femmes. Malgré ces critiques, l'histoire du mouvement féministe représente toutefois un élément essentiel de la brève pratique de l'histoire des femmes. C'est un volet qui a suscité des avancées très originales, notamment pour déconstruire la dichotomie binaire de l'égalité/différence.

Tout à l'opposé, une autre forme de l'histoire des femmes s'est polarisée sur l'histoire du corps. Ce furent les premiers objets d'étude spécifiquement féminins, tout le domaine de la fécondité : l'accouchement, les nourrices, la contraception, l'avortement, le célibat, mais aussi l'éducation des enfants, la beauté, les maladies de femmes, la prostitution, la violence faite aux femmes, le viol. Certes, ce projet pouvait risquer de réduire les femmes à leur corps, et contribuer à les exclure davantage de l'histoire selon la vieille dichotomie : la femme/nature et l'homme/culture. Mais au contraire, cette entreprise a eu pour effet de démontrer la fausseté du concept de l'éternel féminin, le caractère fallacieux de la perception d'une vision statique et immobile du corps. Bien mieux, les historiennes ont démontré l'historicité de toutes ces réalités. Enfin, ces recherches ont permis d'affirmer que la vision immobile du destin des femmes était une tromperie au service d'une idéologie, celle de la suprématie des hommes. Ce qu'on croyait biologique s'est révélé historique. On a démontré que la prostitution n'était pas le plus vieux métier du monde, ainsi qu'on l'a trop longtemps affirmé, mais plutôt que cette expression était un des plus vieux mensonges du monde.

Nous ne reviendrons pas ici sur l'analyse du discours masculin sur les femmes, dont j'ai souligné plus haut le caractère omniprésent et risqué pour appréhender la réalité des femmes. Les historiennes ont maintenant bien établi comment toutes les modalités de ce discours, juridique, philosophique, théologique, scientifique, dissimulent l'objectif de subordination des femmes. Cette subordination s'est accomplie par la magie du verbe, à force de proclamer qu'il en est ainsi.

Mais nous devons nous attarder sur le courant le plus novateur de l'histoire des femmes, celui qui se concentre sur l'historicité des rapports sociaux entre les sexes, l'histoire du genre qui est en voie de remplacer l'histoire des femmes. C'est cette forme d'histoire qui permet de renouveler complètement la direction du regard historique, parce qu'elle s'interroge sur le partage des fonctions entre les sexes, sur la hiérarchie différentielle qui en découle, sur la signification symbolique accordée au masculin et au féminin, sur les normes qui ont été érigées pour assurer l'intériorisation des modèles, sur le fonctionnement de ces normes et sur leurs manifestations dans les différentes institutions (Scott 1988). Si l'histoire des femmes ne peut se penser en dehors de ses rapports avec les hommes, l'inverse doit être vrai. Vue dans cette perspective, que je n'ai pu qu'effleurer, l'histoire des femmes ne peut être qu'un regard subversif sur l'histoire. Si les ouvrages d'histoire des femmes ne réussissent pas à déranger toute la conception de l'histoire, c'est que cette entreprise aura failli à son objectif de replacer les femmes au centre de l'évolution de l'humanité.

Chapitre 8

Tout est à refaire
2000

Il fallait tout recommencer. L'histoire des femmes devait se développer de manière autonome, mais il devenait de plus en plus évident qu'il fallait également influencer le courant dominant en histoire. La perspective du genre permettait justement cette innovation.

Or, la dernière décennie du siècle avait illustré la juxtaposition de deux tendances contradictoires face à la pratique historienne. Le premier courant était plutôt porteur de désillusion. En effet, l'histoire était devenue un objet de consommation : parcs historiques, musées, parcours patrimoniaux, romans historiques, biographies, sans oublier la toute-puissance du cinéma et des séries télévisées. Cette tendance se trouvait renforcée par la vague de commémorations qui semblait frapper l'Occident : Révolution française, découverte de l'Amérique, Seconde Guerre mondiale, première bombe atomique, guerre froide ; chez nous, fondation de Montréal, événements d'Octobre, etc. ; ou par des événements politiques majeurs : chute du mur de Berlin, éclatement de l'URSS, fin de l'apartheid, etc. On créait des chaînes de télévision spécialisées, comme Historia. Dans ce nouveau créneau, les conceptions traditionnelles de l'histoire régnaient en souveraines. Ayant fait partie des équipes d'historiens-conseil pour des séries télévisées, j'ai été à même de constater que la plupart des projets ignorent la participation des femmes à l'histoire et sont complètement étrangers à une perspective qui considérerait la fonction du genre dans le déroulement de l'histoire.

Mais au même moment, dans les milieux universitaires, la perspective du genre, telle que développée par Joan W. Scott, suscitait une série de nouvelles recherches, examinant la fonction du genre dans la trame historique traditionnelle. Des aperçus complètement nouveaux pouvaient sortir de ces interrogations, et on peut en citer quelques exemples. Dans son livre sur les patriotes, Allan Greer introduit un chapitre intitulé « The queen is a whore » (La reine est une putain) où il explique comment les femmes ont été exclues de manière explicite de l'exercice du pouvoir politique et de la citoyenneté durant la décennie des rébellions de 1837-1838 (Greer 1997 : 175-198). Dans *Gender and History in Canada* (Parr et Rosenfeld 1996), plusieurs thèmes de la trame traditionnelle de l'histoire canadienne sont analysés selon la perspective du genre. Roberta Hamilton, dans *Gendering the Vertical Mosaic*, tente d'examiner toute l'organisation de la société canadienne selon la perspective du genre, en mettant en relief les processus d'exclusion et de marginalisation qui ont frappé historiquement les femmes. Au Québec, peu d'historiennes osaient s'aventurer dans ce nouveau champ. J'ai moi-même proposé une réflexion en 1998, en présentant *L'histoire nationale peut-elle intégrer la perspective féministe sur l'histoire ?* (Dumont 1998) à un congrès de l'ACFAS. Nous avions donc, d'une part, une histoire populaire qui demeure traditionnelle et, de l'autre, une histoire savante qui tente de proposer de nouvelles interprétations mais qui demeure marginale dans l'ensemble de la production historienne.

En 1995, avait lieu à Montréal le 18ᵉ Congrès international des sciences historiques. Cet événement quinquennal important avait inscrit à son programme, par suite des pressions de la Fédération internationale pour la recherche en histoire des femmes, « le rapport masculin/féminin dans les grandes mutations historiques » parmi ses trois thèmes majeurs. Quatre tables rondes avaient réuni des historiennes et quelques historiens autour de ces questions : 1. Faire l'histoire des genres : problèmes de méthode ; 2. Les multiples significations des différences ;

3. Les transformations économiques, le genre et l'État ; 4. Famille, sexe et pouvoir. Ces discussions démontraient que la pratique de l'histoire des femmes, tout en créant des difficultés méthodologiques bien identifiées, débordait maintenant son cadre initial. On examinait la question des rapports de sexe durant les guerres, le processus d'industrialisation, l'implantation des programmes de sécurité sociale, le développement colonial, la contrebande, la masculinité dans les révoltes antinapoléoniennes. Bref, de toute évidence, l'histoire des femmes commençait à susciter des recherches en dehors de ses sentiers traditionnels (Congrès 1995).

Dans le cadre du congrès avait lieu également le colloque de la Fédération internationale pour la recherche en histoire des femmes, dont le thème était « Les femmes, les colonialismes, les impérialismes et les nationalismes à travers les âges ». Invitée à être rapporteure d'un atelier, j'ai pu prendre connaissance de plusieurs communications portant sur des questions singulièrement nouvelles pour moi. Tous les éléments de l'histoire politique traditionnelle pouvaient être repris sous l'angle pénétrant de la fonction du genre dans le déroulement des événements. Fait intéressant, ce colloque ne comportait aucune communication en provenance de la France, signe que la perspective du genre était peu pratiquée dans ce pays. L'ouvrage publié à la suite de la conférence, sous la direction de Ruth Roach Pierson et de Nupur Chaudhuri, se termine sur le constat que le projet de réécrire l'histoire selon la perspective du genre est une entreprise politique (Bannerji 1998). Ce contact avec des chercheures de toute la planète a fait la preuve que la réflexion théorique n'est pas vaine, qu'elle permet réellement de renouveler les enquêtes historiques, de proposer de nouvelles interprétations et, au bout du compte, de renouveler notre connaissance de l'histoire. C'est à la suite de ce congrès que j'ai entrepris de nouvelles recherches, notamment sur les rapports entre le féminisme et le nationalisme au Québec.

Entre le courant dominant, représenté par l'histoire-marchandise, et la recherche de pointe, illustrée par les travaux utilisant la perspective du genre, il était difficile de faire le pont. Il semblait même que la réalité des femmes constituait un élément majeur de la différence entre les deux tendances. Par ailleurs, certaines transformations sociales, notamment celles qui avaient été déclenchées par la révolution féministe et la soi-disant révolution sexuelle, avaient bouleversé les repères traditionnels. Les réalités du passé semblaient de plus en plus inimaginables aux jeunes générations.

Pour saluer le nouveau millénaire, la revue *Liberté* a proposé un numéro spécial sur la différence des sexes, se demandant si elle est «encore à nos yeux post-modernes le repère, fondamental entre tous, qu'elle a été pour toute société depuis la fondation du monde» (Fernandez 2000). Pourquoi, à l'approche de l'an 2000, fallait-il s'interroger sur la différences des sexes? La question était troublante.

J'aurais pu examiner l'évolution historique des théories qui ont successivement exalté la différence des sexes, notamment au XIXᵉ siècle, pour ensuite affirmer l'influence fondamentale de la culture sur cette différence, pour enfin s'ingénier à trouver des éléments physiologiques explicatifs de cette différence, ce qui caractérise la recherche actuelle. Il m'a semblé qu'au lieu d'examiner la production prolifique des études, il fallait plutôt dénoncer ce que la discipline historique avait construit au nom de la différence des sexes : l'invisibilité historique des femmes. J'estimais d'ailleurs que le seul fait de s'interroger sur l'existence de la différence des sexes avait des relents de retour en arrière. À l'instar de Myriam Spielvogel, invitée à collaborer au même numéro, je pensais que le problème de la différence des sexes avait des aspects politiques et qu'il ne permettait pas de résoudre celui de la domination entre les sexes en la justifiant par une quelconque prouesse scientifique, par une quelconque prédisposition hormonale, neurologique ou génétique. Toujours est-il que j'ai refusé de tomber dans le piège, et j'ai décidé de démontrer la fonction politique exercée par l'histoire, au nom de la différence des sexes.

La construction de l'invisibilité

Dans le discours philosophique,
la femme n'est sujet qu'en restant objet.
Geneviève Fraisse (1996)

À l'heure où l'histoire a envahi tous les écrans et s'est immiscée dans toutes les proses, il importe de rappeler une évidence :

Le même mot, en français, en anglais, en allemand, s'applique à la réalité historique et à la connaissance que nous en avons. Histoire, history, Geschichte *désignent à la fois le devenir de l'humanité et la science que les hommes s'efforcent d'élaborer de leur devenir* (Aron 1964 : 5).

Entre les deux, un abîme que la perspicacité humaine ne réussira jamais à combler. Entre les deux aussi, le rapport puissant que la conscience du passé établit avec l'existence historique et qui suscite la question du sens. Entre les deux enfin, le magistère de l'écriture. La différence des sexes est inévitablement une réalité aussi vieille que l'Histoire de l'humanité. Mais la science historique vient tout juste de s'en préoccuper. Au cœur même de l'activité historienne, ce n'est pas la réalité de la différence entre les sexes qui a été pressentie, mais la véhémence d'un discours qu'il faut bien qualifier d'androcentrique.

L'ambiguïté du terme « histoire » a mis du temps à être reconnue. La connaissance que nous avons du passé s'est modifiée au cours des âges et s'est modelée sur les modèles disponibles du discours lui-même. Mieux, pendant plusieurs siècles, on a confondu la connaissance avec la réalité. L'histoire commençait avec l'écriture, croyait-on, refoulant hors de l'historicité les premières générations de l'humanité, auxquelles « notre arrogance refuse des perceptions semblables aux nôtres », nous rappelle Marguerite Yourcenar. Ces longs millénaires commencent à peine à nous dévoiler les images de leur déroulement. Ils constituent l'Histoire tout autant que les décennies récentes. Un préjugé tenace s'obstine toutefois à faire débuter l'Histoire avec la civilisation, avec le patriarcat, avec l'écriture qui impose sa force discursive. Un autre préjugé tout aussi tenace a longtemps laissé croire que ce qui était écrit était vrai.

Construction de l'invisibilité historique des femmes

L'histoire écrite se révèle la plus ancienne de cette portion du savoir que nous nommons désormais les sciences humaines. Se libérant des mythes originels, imposant les exigences de la rationalité, l'histoire prend divers visages, tour à tour discours, enquête, récit, explication. L'histoire fait partie des neuf disciplines élevées par les Grecs au panorama de la connaissance et des arts. Clio, comme ses sœurs les muses, est fille de Zeus lui-même et de Mnémosyne, titanide dépositaire de la mémoire. Or, quand apparaissent les premiers historiens, ces derniers imposent une définition, un contenu, une tradition. « Jusqu'à une date récente, l'histoire a été définie de manière telle qu'elle n'a inclus que les aspects de l'expérience humaine qui constituent l'activité des hommes : la guerre, la diplomatie, la politique, les affaires (Degler 1975 : 5). » Les premiers textes viennent au surplus fixer les normes des grandes civilisations patriarcales, celles qui ont justement établi les bases de la subordination des femmes. Hérodote présente comme l'envers de la norme les nations où hommes et femmes exercent des rôles différents : chez les Égyptiens, ce sont les femmes qui vont au marché et font le commerce de détail ; les hommes restent au logis et tissent.

Plutarque présente une galerie de femmes illustres, mais dans le but évident de faire ressortir la nécessité de la soumission et des vertus morales des femmes, épouses et mères. La philosophie, le droit se chargent de justifier l'« évidence » de l'incapacité des femmes, les refoulant à la marge de l'« historisable ». Guerres, exploits, révolutions, lignées, institutions, complots, assassinats peuplent les récits antiques pour convaincre, plaire, exalter, justifier, enseigner. Tous les ouvrages partagent le même dénominateur : ils établissent l'invisibilité historique des femmes.

La pensée occidentale s'est donc trouvée à documenter *ad nauseam* la différence entre les sexes. Le masculin ne fait pas problème ; il s'est constitué sujet du savoir. C'est le féminin qu'il importait de qualifier. La philosophie antique, tentant de définir le féminin, se caractérise « par le souci de classer la différence sexuelle en rapport avec d'autres types de différences et par la tendance à réduire l'opposition entre les sexes non pour reconnaître aux femmes une égalité mais pour mieux relever leurs incapacités (Schmidt-Pantel 1992 : 64) ». La femme est un homme manqué, semble nous expliquer Aristote. Le droit romain superposa, sur cette construction à la fois métaphysique et biologique, le concept de *fragilitas sexus.* La tradition judéo-chrétienne couronna le tout avec le mythe de la faute originelle, imputable à la première femme. Au surplus, la rationalité disparut de l'histoire écrite, car « l'Église se dressa victorieusement [après la victoire de Constantin], pour réaffirmer, avec une autorité rehaussée, le modèle évident de l'intervention divine dans l'histoire, l'élimination impitoyable des déviations (Momigliano 1983) ». L'édifice était complet : l'histoire n'avait qu'à documenter les variations infinies du modèle. La philosophie, le droit et la théologie ont ainsi constitué les trois piliers d'un discours androcentrique, qui a servi de cadre conceptuel au déroulement de la vie de l'humanité. La réalité a été filtrée à travers cette grille. « Mais l'histoire écrite n'a jamais tenu compte de l'ensemble de la réalité. Elle a été la création d'une minorité qui s'en est servie pour justifier et imposer sa domination. [...] Ce que les femmes ont fait a été laissé de côté et jugé insignifiant. Ce qui fait qu'on doit conclure que l'histoire est partielle : elle oublie le plus souvent les femmes. Elle est également partiale : elle ne présente que le point de vue des hommes, tout en le considérant comme objectif et universel (Dumont 1994 : 52). » Posé comme sujet, le masculin a construit sa vision du monde. Défini comme objet, le féminin a été modulé selon les critères changeants du savoir masculin.

Il serait fastidieux de reprendre toute l'historiographie occidentale ; elle se déroule comme une longue démonstration de l'incapacité historique des femmes. Non seulement n'ont-elles pas d'histoire, mais surtout, elles ne font pas l'histoire et elles ne provoquent pas les changements qui justifient l'interrogation historique. La différence des sexes a le statut d'un fait de nature, immuable, incontestable, qui ne saurait intervenir dans les événements jugés dignes de mémoire.

Mais les livres d'histoire tenaient souvent davantage de la littérature et de la philosophie que de la science. Il faut attendre la fin du XIXe siècle pour que l'histoire se dote d'une méthode rigoureuse : la critique des sources. L'école méthodique réalise alors une véritable rupture épistémologique en écartant le providentialisme chrétien, le progressisme rationaliste et surtout en exigeant la nécessité des preuves documentaires. La constitution de la méthode historique, au tournant du siècle, en établissant le paradigme du document écrit et en imposant les critères de la science, allait faire disparaître les femmes encore plus fermement puisque les femmes n'avaient jamais été détentrices des hauts lieux de l'écriture et des théories scientifiques. Tous les livres que quelques-unes d'entre elles avaient écrits avaient disparu dans l'épaisseur de la poussière. La géniale Christine de Pisan, qui justement avait proposé la première critique des théories foisonnantes sur les femmes, dans *La Cité des Dames*, était jugée par Gustave Lanson, « la première de cette insupportable lignée de femmes écrivains ». Lucides, George Sand et George Eliot signaient d'un nom d'homme les livres qu'elles publiaient. Myopes, les historiens n'ont pas vu de femmes dans les archives. Au surplus, l'histoire scientifique, que d'aucuns estimaient « objective », s'est produite au moment même où l'enseignement de l'histoire se généralisait, rendant les conceptions primitive et classique largement diffusées. Les fillettes qui vont à l'école apprennent, en même temps que le récit officiel, qu'elles ne sont même pas figurantes dans le déroulement des siècles. « Être désappropriée de l'histoire, c'est peut-être finalement l'histoire la plus importante et la plus ordinaire qui arrive aux femmes », écrit Arlette Farge (1979).

Les grandes révolutions du XIXe siècle, politique, industrielle, démographique, intellectuelle ont toutefois brouillé les anciennes certitudes en proposant de nouvelles questions. D'abord, le pouvoir venait désormais du peuple. Les femmes font-elles partie du peuple ? Ensuite, la production industrielle démultipliait la richesse des nations. Les femmes, dont le labeur avait toujours été indispensable, ont-elles le droit de travailler hors du foyer domestique ? Enfin, l'humanité semblait en marche vers le progrès. Les femmes peuvent-elles donner leur opinion sur la direction à prendre ? Ayant répondu par l'affirmative à ces trois questions, quelques femmes ont lancé le mouvement féministe et ont tenté de se poser en sujets de l'histoire, en individus, en citoyennes. Mais la science s'est chargée de leur rabattre le caquet. La philosophie, la médecine, la psychanalyse naissante ont formulé au goût du jour de nouvelles théories. Quant à la nouvelle histoire savante des dernières décennies, celle justement qui voulait faire apparaître les anonymes dans l'histoire, en révélant chichement le destin des femmes, l'exploitation, l'inégalité et surtout la permanence d'une condition, d'un rôle qui va de soi, cette nouvelle histoire donc, a renforcé l'image collective que les femmes avaient d'elles-mêmes.

Le genre de l'histoire, le genre dans l'histoire

On doit à l'épistémologie féministe la perspective d'analyse qui permet de sortir du cercle vicieux. Depuis un quart de siècle, l'histoire des femmes a tenté de diverses manières de réintroduire les femmes dans l'histoire. Une pensée acérée, importante, considérable s'est développée de chaque côté de l'Atlantique, sur la différence des sexes comme sur l'activité historienne. Un nouveau prisme existe dorénavant, à côté de l'ancien, pour interpréter la réalité sociale et historique. Prisme que la majorité des chercheurs rejettent avec condescendance comme étant entaché d'idéologie. La vérité est que, s'ils s'appropriaient cette pensée, ils concevraient le caractère ontologiquement idéologique de leurs propres théories.

Nous devons à une historienne américaine, Joan Wallach-Scott, un cadre théorique de la différence sociale des sexes. « Le genre, écrit-elle, est un élément constitutif de rapports sociaux fondés sur des différences perçues entre les sexes, et le genre est une façon première de signifier les rapports de pouvoir (Scott 1988 : 141). » Quatre éléments sont nécessaires pour définir cette conception du genre : des symboles, des concepts normatifs, les institutions et l'organisation sociale, mais aussi les processus variés de la construction de l'identité subjective, qui sont toujours

136

marqués par le cadre social ambiant. Aucun d'entre eux ne peut opérer sans les autres.

> *Le genre est un espace primordial, au sein duquel, ou au moyen duquel le pouvoir se construit. Le genre n'est pas le seul espace, mais il semble avoir été un moyen persistant et récurrent de définir le pouvoir en Occident, dans les traditions judéo-chrétienne et islamique* (Scott 1988 : 143).

Les possibilités qu'offre ce cadre conceptuel pour réinterpréter toute l'histoire, et notamment l'histoire politique, sont immenses. Mais le champ à défricher est illimité et les ouvrières, beaucoup trop rares. Dans la collection *Histoire des femmes en Occident* publiée par Plon, entre 1992 et 1994, plus du tiers des chapitres concernent les théories masculines sur les femmes, et un nombre infime de textes utilisent le cadre du genre pour réinterpréter les événements de l'histoire traditionnelle.

En effet, cette conception du genre – les multiples rapports sociaux de sexe – permet d'éclairer justement cette zone d'ombre qui a échappé à toutes les enquêtes antérieures. Car c'est tout le champ historique qu'il faut capter sous les projecteurs, et non pas seulement les actrices du quotidien ou de l'exceptionnel. Il faut interroger le genre des normes, des institutions, des symboles. Il faut comprendre que c'est la théorie politique qui a construit l'exclusion politique des femmes au moment des grandes révolutions de l'ère moderne. Il faut voir que les guerres sont souvent l'exacerbation des valeurs masculines. Il faut rappeler pourquoi le viol est une arme de guerre, que même Soljenytsine trouvait «normale». Il faut rappeler aussi que la métaphore du viol constitue la base de l'entraînement militaire des soldats. Il faut saisir que la révolution industrielle a rendu le travail salarié des femmes illégitime et malsain, tout en rendant le travail des femmes dans l'espace domestique invisible et gratuit. Il faut illustrer la longue exclusion des femmes de l'accès aux différents niveaux d'instruction. Il faut voir précisément où se situait, à chaque époque, le partage des rôles sociaux :

> *C'est justement sur ce partage entre le masculin et le féminin que le silence de l'histoire s'est abusivement fait. De ce silence, le masculin est ressorti vainqueur, inscrit dans la manière noble du*

tissu événementiel historique, pendant que le féminin disparaissait deux fois ; une première fois sous la domination effective du pouvoir masculin et par sa lente soumission à un rôle désigné. Et une seconde fois, caché par le souvenir encombrant dont dispose la mémoire politique et collective, et qui volontairement fait uniquement surgir de l'ombre l'événement masculin, son avènement (Farge 1979 : 19).

En histoire, tout est à recommencer.

L'histoire des conceptions de la différence des sexes

Et depuis que tout est historisable, même les théories de la différence sexuelle ont été passées au crible de la recherche historique. Un historien américain, Thomas Laqueur, a publié un ouvrage remarquable, *La Fabrique du sexe. Essai sur le corps et le genre en Occident*, qui bouleverse notre appréhension de la question. En effet, Laqueur démontre que depuis que l'humanité s'interroge sur la différence sexuelle, voire sur la variance sexuelle (et seules nous sont connues les réponses qui ont été fixées dans un texte écrit, ce qui laisse entièrement ouvert ce qu'hommes et femmes ont pensé durant plusieurs millénaires), on est passé d'un modèle du sexe unique à un modèle de deux sexes parfaitement opposés. À la suite d'Aristote et de Galien, la science…

[…] fonde le modèle du sexe unique, qui sera dominant jusqu'au XVIIIᵉ siècle et dans lequel le genre définit le sexe : hommes et femmes sont rangés suivant leur degré de perfection métaphysique, le long d'un axe dont le sommet de perfection est occupé par l'homme. Au plan anatomique, nulle différence d'organes entre hommes et femmes, sinon que ceux des femmes sont à l'intérieur du corps, non pas à l'extérieur. Le genre est donc un fait immuable de la nature, dicté par la hiérarchie parfaite du cosmos : ou, le sexe, un effet de conventions, permettant de distinguer utilement dans l'unicité de l'anatomie. Au XVIIIᵉ siècle émerge l'autre modèle de la différence sexuelle : le modèle des deux sexes, dans lequel, au contraire du premier, le sexe définit le genre : parce que, au niveau de l'anatomie comme de la physiologie, femmes et hommes sont incommensurablement différents, les

genres définissent dès lors qualités, vertus et rôles selon des racines biologiques. Le sexe est un fait immuable de nature ; le genre, un effet du déterminisme biologique dans l'univers des conventions culturelles, politiques, artistiques et sociales (Laqueur 1990).

La soi-disant révélation de Masters et Johnson, il y a trente ans, que l'orgasme féminin est presque entièrement clitoridien…

[…] eût été un lieu commun pour n'importe laquelle des sages-femmes du XVIIe siècle et les chercheurs du XIXe siècle avaient accumulé sur la question une masse de détails. Une grande vague d'amnésie déferla sur les milieux scientifiques vers 1900 au point que dans la seconde moitié du XXe siècle, on devait saluer comme révolutionnaires des vérités séculaires (Laqueur 1990 : 270).

Le paradigme freudien, au mépris du réel, avait réussi à imposer sa construction théorique. De sorte que Laqueur se voit obligé de conclure : « La substance du discours de la différence sexuelle ignore l'entrave des faits et demeure aussi libre qu'un jeu de l'esprit (Laqueur 1990 : 282). »

La boucle est bouclée. Entre l'histoire / discours et les théories de la différence de sexes, la réalité, elle, continue de résister à toutes les entreprises discursives. Et face au message puissant du cinéma, qui en est encore resté à l'histoire / bataille, aux poncifs les plus éculés de la différence des sexes, et qui meuble désormais l'imaginaire historique des foules, l'entreprise de déconstruction décourage les plus hardies.

Au fil d'arrivée

Découvrir la mémoire des femmes n'est donc pas une entreprise anecdotique. Il ne s'agit pas d'ajouter des phrases, des paragraphes, des photographies, des chapitres, des mentions dans l'index, des encadrés dans les livres d'histoire. C'est un projet ambitieux qui doit comprendre trois volets.

Le premier volet consiste à constituer un savoir rigoureux sur ce que les femmes ont fait dans le passé, sur leurs conditions de vie, sur les normes qui leur étaient imposées, sur leur participation effective aux soi-disant événements de l'histoire. Ce savoir a été constitué depuis un quart de siècle par les thèses, les articles, les monographies et les synthèses dans ce nouveau champ de l'histoire qu'est l'histoire des femmes. Les bibliographies sont devenues interminables. Chaque nouveau numéro des revues universitaires consacrées à l'histoire des femmes propose de nouvelles avenues de réflexion, de nouveaux thèmes, de nouvelles références. Il est devenu impossible de suivre le rythme des publications. L'histoire des femmes est aujourd'hui un domaine de spécialisation reconnu, et même scientifiquement valide, dans la corporation historienne, même si son statut reste encore marginal. Mais, on l'aura compris, ce n'était pas l'objet de cet ouvrage d'aborder cette question.

Mon intention était justement de tenter de présenter, de la manière la plus accessible possible, le second volet de ce projet :

la réflexion théorique sur l'histoire des femmes. Cette base conceptuelle est indispensable pour donner à l'histoire des femmes l'ampleur, la profondeur et la signification qu'elle doit avoir. On l'a vu, ce cheminement n'est pas facile. J'ai tenu à reproduire les étapes de mon propre parcours parce qu'il m'a semblé que ce processus permettrait d'en saisir les principales composantes. On pourrait les résumer de la manière suivante, ce qui permettra ensuite de mesurer l'importance du troisième volet.

L'histoire des femmes est d'abord un nouvel objet de recherches, qui apparaît à la fin des années 1960, dans la foulée de l'émergence d'un nouveau féminisme. Comme tous les autres nouveaux thèmes de l'histoire, il présente des problèmes méthodologiques qu'il faut bien identifier. Par ailleurs, cet objet d'étude doit être théorisé. On a vu que les principaux concepts qui ont été utilisés sont l'égalité, la différence, la subordination, la libération, et surtout le rapport social entre les sexes, qui est sujet à l'évolution historique, comme tous les domaines de l'activité humaine. Il faut donc se défaire des affirmations naturalistes sur la différence entre les sexes et, par conséquent, cesser de parler des femmes au singulier, comme si « la » femme était une entité philosophique. Toute cette entreprise n'est pas aisée parce que les théories dominantes sur le changement social, la méthodologie historique traditionnelle et l'ensemble de la culture continuent de fonctionner selon les canons masculins de la tradition intellectuelle occidentale. Tout mérite d'être critiqué en histoire quand on accepte d'y inclure les femmes : les dates importantes, la chronologie, la périodisation, les rapports difficiles entre le temps court (l'histoire politique) et le temps long (l'histoire sociale), les continuités, les changements, les catégories d'analyse, sans oublier l'imaginaire des historiens, toujours à l'œuvre, le plus souvent à leur insu. Le projet même d'une synthèse globale en histoire universelle est devenu impossible devant l'éclatement postmoderne du sujet. Sans oublier non plus les concepts. Que de concepts utilisés en histoire et dans les autres sciences humaines traduisent leur caractère masculin : « suffrage universel », « droit de cuissage » (lequel, selon une recherche récente, n'aurait jamais existé), taux d'inactivité des femmes (comme on le sait, les femmes à la maison ne travaillent pas !), citoyenneté (qui pendant près de deux siècles n'a concerné que les hommes), « bon père de famille » (quiconque s'occupe correctement de ses biens meubles et immeubles), le « peuple », la « durée utile du mariage » (qui correspond à la période où les femmes sont fécondes) et tous les « mes bien chers frères » de tous les curés de toutes les paroisses.

Une rupture significative peut être faite quand on accepte que les femmes soient sujets de l'histoire et que l'évolution de l'humanité, vue du point de vue des femmes, soit envisagée autrement. On n'ajoute pas l'idée que la terre est ronde à l'idée que la terre est plate. Cette découverte exige que l'on retourne en arrière et qu'on repense tout différemment. L'histoire traditionnelle a été un des instruments majeurs qui ont contribué à implanter la subordination des femmes, à assurer leur invisibilité historique. Par conséquent, tout ce que nous savons sur l'histoire doit être déconstruit.

C'est ici que le concept de genre, tel que développé par l'historienne américaine Joan W. Scott, est stimulant. Il constitue un instrument intellectuel riche pour proposer de nouvelles analyses sur toutes les questions historiques ; pour se délivrer des oppositions binaires qui semblent vouer les femmes à une réalité « de nature » ; pour saisir le pouvoir des mots, des concepts, des théories, des sous-entendus philosophiques dans la construction du discours historique. Mais au bout du compte, cette entreprise n'en est encore qu'à ses premiers balbutiements, tant la force des anciennes conceptions continue de prévaloir. Or, même cette nouvelle perspective est problématique : on note, dans les études sur le genre, une propension marquée à analyser surtout… la construction de la masculinité !

Découvrir la mémoire des femmes comporte finalement un troisième volet, la perspective du genre, laquelle proposera éventuellement la formulation d'une nouvelle connaissance du passé de l'humanité, nouvelle parce qu'elle ne repoussera jamais les femmes à la marge, mais les considérera toujours comme indispensables à la compréhension de l'histoire globale. Disons que ce projet peut encore être considéré comme une utopie. Les historiennes en parlent depuis deux décennies (je pourrais ici reproduire une belle panoplie de citations), mais sa réalisation demeure problématique. On en conviendra, c'est une entreprise démesurée, mais cela n'est certes pas une raison pour ne pas l'amorcer. Geneviève Fraisse affirme : « L'histoire des femmes doit construire et reconstruire un héritage avant même d'envisager son usage possible (Fraisse 1998 : 34). » En citant librement Gramsci, on pourrait dire que ce projet doit être envisagé avec le pessimisme de l'intelligence, mais aussi avec l'optimisme de la volonté. Il faut commencer par accepter de changer ses idées. J'ose espérer que cet ouvrage pourra y contribuer.

Quand j'examine le parcours que j'ai présenté ici, j'éprouve la satisfaction de savoir qu'il ressemble à celui des autres historiennes. Il est réconfortant de savoir que le premier ouvrage de Gerda Lerner en histoire des femmes, publié en 1971, s'intitulait *The Woman in American History* et utilisait le singulier « woman ». J'ai lu avec passion le récent dialogue entre quatre historiennes américaines de générations différentes sur leur perception de l'histoire des femmes. Anne Firor Scott a été la professeure de Sara M. Evans durant les années 1960. Cette dernière a enseigné à Susan K. Cahn et à Elizabeth Faue durant les années 1980. Toutes les quatre ont discuté pendant quelques semaines de leurs découvertes respectives en histoire des femmes, des rapports étroits de la discipline avec la militance, et se sont interrogées sur la direction que devrait prendre ce champ de recherches. Dans leurs propos, j'ai retrouvé mes découvertes, mes engagements, mes frustrations, mes découragements, mes enthousiasmes, et notamment leur constat un peu résigné qu'il n'est plus possible de tout lire (Scott *et al.* 1999). Dans son dernier ouvrage, qui reproduit vingt-cinq de ses articles, Michelle Perrot propose une introduction qui résume son propre parcours au sein de la corporation historienne française, « où la France paraît plus archaïque que la plupart de ses voisins (Perrot 1998 : xvii) », semblant ainsi donner raison à mon diagnostic sur ce qui se passe dans ce pays. Dans l'ouvrage consacré à l'historienne française Marie-France Brive, *Les Femmes sujets d'histoire* (Corradin et Martin 1998), on trouve un long plaidoyer sur les conséquences théoriques de poser les femmes comme sujets de l'histoire et j'y retrouve, sous une autre formulation, le chemin intellectuel que j'ai parcouru.

Je ne prétends nullement avoir l'originalité de ces éminentes collègues. Il n'y a, j'en ai bien peur, aucune idée originale dans mes propres articles. Je n'ai pas non plus exploré réellement les avenues théoriques liées aux perspectives nécessaires pour tenir compte des classes sociales, des soi-disant races, de l'orientation sexuelle, de la situation particulière des pays en voie de développement, toutes perspectives qui occupent presque entièrement le champ de la réflexion depuis une décennie. Si « la » femme n'existe pas, on ne doit pas non plus penser que « les » femmes se retrouvent toutes de la même manière dans les diverses situations historiques. Lectrices et lecteurs auront raison de me le reprocher : ces thèmes n'ont pas occupé beaucoup de place dans mon cheminement. Mais j'ose espérer que ces lacunes ne diminuent pas la pertinence des réflexions que je propose. J'ai visé la communication plutôt que l'exhaustivité.

J'ai été essentiellement stimulée par la pensée des historiennes américaines et françaises, à l'instar de bien d'autres sans doute. Mais la longueur de mon cheminement m'a semblé riche en enseignements, et c'est pourquoi je me suis livrée à cet exercice. Au bout du compte, il semble bien que le fait d'inscrire les femmes dans l'histoire a produit des résultats paradoxaux. D'une part, un développement colossal, mais d'autre part, un statut encore marginal. Éliane Gubin exprime très bien ce paradoxe : « l'invisibilité passée des femmes fait irrésistiblement penser à l'invisibilité présente de l'histoire des femmes (Gubin 2000 : 226) ». Un statut marginal, mais aussi toujours suspect d'idéologie, comme l'a bien montré Joan W. Scott, parce que, finalement, l'introduction des femmes dans l'histoire demeure fondamentalement un projet politique (Scott 1992). Un critique que je ne veux pas nommer a déjà accusé le Collectif Clio de terrorisme intellectuel. Si l'on devient terroriste en affirmant : les femmes sont dans l'histoire, les femmes ont une histoire, les femmes font l'histoire, je proclame que je suis fière d'être terroriste. Car j'ai la ferme conviction qu'une grande partie de l'histoire qui se fait, de l'histoire qui s'enseigne et que la totalité de l'histoire qui se consomme exprime l'idéologie contraire : les femmes n'ont pas de signification historique ; les femmes n'ont guère influencé le déroulement de l'histoire ; le point de vue des femmes n'est pas indispensable à la compréhension de l'histoire. Ces affirmations ne semblent pas idéologiques parce qu'elles expriment ce qu'on nomme faussement le sens commun. En réalité, il n'en est rien : les affirmations du discours scientifique traditionnel expriment les modulations variées de la subjectivité masculine, qui se présente aux yeux de tous avec les apparences de l'objectivité.

Ils se trompent également, ceux et celles qui accusent les féministes en général et les historiennes féministes en particulier d'être monolithiques, dogmatiques et sectaires. On l'a vu, les débats sont si nombreux, les positions sont si variées qu'on ressent parfois de la lassitude à tenter de tout suivre et de tout comprendre. L'histoire des femmes est pluraliste, tout comme le mouvement féministe qui a permis son éclosion. Seuls les ignorants peuvent prétendre le contraire.

De l'histoire des femmes à la mémoire des femmes, la distance est-elle grande ? « L'histoire, nous dit Antoine Prost, ne doit pas se mettre au service de la mémoire ; elle doit accepter la demande de mémoire, mais pour la transformer en histoire (Prost 1996 : 306). » Certes, les deux réalités – mémoire et histoire – ne sont pas parfaitement superposables. Mais comme l'a bien montré Nadia Fahmy-Eid, « dans la pratique, le rapport entre mémoire et histoire échappe à une dichotomie trop rigide. […] [L'histoire] en arrive aujourd'hui au constat prudent qu'aussi savante soit-elle, elle n'est jamais pour autant totalement innocente (Fahmy-Eid 1997 : 22) ». On pressent que dans ce procès implicite l'histoire des femmes est singulièrement suspecte aux yeux des censeurs. Ses effets sur la conscience des femmes et ses rapports avec le mouvement des femmes semblent la catégoriser parmi les discours historiques trop passionnés. Mais en même temps, il faut avoir le courage d'admettre qu'on pourrait dresser de semblables réquisitoires sur tous les types d'histoire. C'est peut-être pour cela qu'il est de plus en plus fréquent que l'on écrive des ouvrages autour du concept de mémoire. Comme si les historiens, ayant pris en compte les dérives possibles de leur discipline, voulaient en exorciser les manifestations. Par ailleurs, on observe que « l'histoire est certainement la seule discipline scolaire qui se vaut des interventions directes des hauts dirigeants et la considération active des parlements. C'est dire combien elle reste un enjeu important pour les pouvoirs (Laville 2000 : 21) ». Milan Kundera écrit dans *Le Livre du rire et de l'oubli* : « Pour liquider les peuples, on commence par leur enlever la mémoire. On détruit leurs livres, leur culture, leur histoire. Et quelqu'un d'autre écrit d'autres livres, leur donne une autre culture et leur invente une autre histoire. » Regardons les choses en face : n'est-ce pas ce qui est arrivé à la mémoire des femmes ?

Il faut se demander sérieusement à quelles conditions la mémoire des femmes peut être introduite dans la mémoire collective, et si on est prêt à la rendre significative dans la nouvelle recherche du sens.

Comment ferons-nous pour reconstituer une mémoire qui ne serait pas lacunaire, sans remettre en question tous les fondements historiques de la citoyenneté ? de l'ordre social ? de la famille ? de la politique ?

À la mort de sa mère, Jean-Paul Desbiens écrit : « Le père meurt, et l'on passe en première ligne, car le père est le lien avec l'histoire ; la mère meurt et l'on devient orphelin, car la mère est le lien avec la vie[1]. » Quelle dichotomie invraisemblable ! Si la vie n'est pas dans l'histoire, où donc est-elle ? N'est-ce pas cette division tout artificielle qui fait que le rapport obligé qui produit la vie et qui est indispensable à l'histoire a été exclu pendant des millénaires de l'histoire qui s'écrit et qui se dit, comme de la mémoire qui s'est construite… le plus souvent sans les femmes ? Le chantier est ouvert : il faut construire l'histoire des femmes pour transformer la mémoire collective.

---

1. « Ma mère s'appelait Alberta », *La Presse,* 23 octobre 1985, p. A-6.

Bibliographie

Les symboles **B**, **M** et **T** qui apparaissent après certaines références indiquent qu'il s'agit d'un bilan historiographique (B), d'un texte à caractère méthodologique (M) ou à caractère théorique (T).

ALBISTUR, Maïté et Daniel ARMOGATHE. *Histoire du féminisme français*, Paris, Éditions des femmes, 1977, 508 p.

ALZON, Claude. *Femme mythifiée, femme mystifiée*, Paris, PUF, 1978, 424 p.

ANDREWS, Margaret. « Attitudes in Canadian Women's History : 1945-1975 », *Journal of Canadian Studies/Revue d'études canadiennes*, vol. 12, n° 4 , été 1977, p. 69-78. **B**

ANGERS, Denise et Christine PIETTE. « Critique féministe et histoire », *Les Cahiers de recherche du GREMF*, Québec, Université Laval, 1988, p. 7-22.

ARON, Raymond. *Dimensions de la conscience historique,* Paris, Plon, 1964, 339 p.

BAILLARGEON, Denyse. « Histoire : mot féminin ? », *Canadian Woman Studies/ Les Cahiers de la femme,* vol. 7, n° 3, automne 1986, p. 13-14. **T**

BAILLARGEON, Denyse. « Histoire orale et histoire des femmes : itinéraires de points de rencontre », *Recherches féministes*, vol. 13, n° 1, « Temps et mémoire des femmes », 1993, p. 53-68. **M**

BAILLARGEON, Denyse. « Des voies/x parallèles : l'histoire des femmes au Québec et au Canada anglais », *Sextant*, n° 4, 1995, p. 133-168. **B**

BAILLARGEON, Denyse *et al.* « L'histoire des femmes. Vingt-cinq ans de recherches et d'enseignement », *Cahiers d'histoire,* vol. 16, n° 1, 1996, p. 50-74. **B**

BANNERJI, Himani. « Politics and the Writing of History » dans Ruth Roach Pierson et Nupur Chaudhuri (dir.), *Nation, Empire, Colony. Historicizing*

Gender and Race, Bloomington/Indianapolis, Indiana University Press, 1998, p. 287-301.

BEARD, Mary R. *Woman as Force in History,* New York, Macmillan, 1962, 382 p. (Réédition d'un ouvrage de 1946)

BEAUVOIR, Simone de. *Le Deuxième Sexe,* tome 1 et 2, Paris, Gallimard, 1949.

BEDDOE, Deirdre. *Discovering Women's History. A Practical Manual*, Londres/ Boston/Melbourne/Henley, Pandora Press, 1982, 232 p. **M**

BLAIN, Jean. « La moralité en Nouvelle-France : les phases de la thèse et de l'antithèse », *Revue d'histoire de l'Amérique française*, vol. 27, n° 3, décembre 1973, p. 408-416.

BONNET, Marie-Jo. « Adieux à l'histoire… » dans *Stratégies des femmes,* Paris, Tierce, 1984, p. 363-374. **T**

BOULDING, Elise. *The Underside of History. A View of Women Through Time,* Boulder, Westview Press, 1976, 829 p.

CARROLL, Berenice (dir.). *Liberating Women's History. Theoretical and Critical Essays*, Urbana/Chicago/Londres, University of Illinois Press, 1976, 434 p. **T**

CLEVERDON, Catherine L. *The Women Suffrage Movement in Canada,* Toronto, University of Toronto Press, 1950. (Réédité en 1974 chez Toronto University Press, avec une introduction de Ramsay Cook, 324 p.)

COHEN, Yolande. « Femmes et histoire », *Recherches sociographiques*, vol. 25, n° 3, 1984, p. 467-477.

COHEN, Yolande (dir.). *Femmes et contre-pouvoirs*, Montréal, Boréal, 1987, 244 p.

COLLECTIF CLIO. *L'Histoire des femmes au Québec depuis quatre siècles,* Montréal, Quinze, 1982, 429 p. (Nouvelle édition, revue, augmentée et corrigée, Montréal, Le Jour, 1992, 646 p.)

COLLECTIF CLIO. « L'histoire d'un livre d'histoire », *Canadian Issues/Thèmes canadiens*, vol. 6, n° 4, 1984, p. 24-33.

COLLECTIF CLIO. « Quand Clio manifeste » dans Jeanne Demers et Line McMurray (dir.), *La Nouvelle Barre du jour*, « Femmes Scandales 1965-1985 », 1987, p. 12-18.

Congrès international des sciences historiques (XVIIIᵉ)/18th International Congress for Historical Sciences. *Actes/Proceedings,* Montréal, 1995, p. 47-107.

CORRADIN, Irène et Jacqueline MARTIN. *Les Femmes sujets d'histoire*, Toulouse, Presses universitaires du Mirail, 1998, 351 p.

CROSS, Suzanne D. « The Neglected Majority : The Changing Role of Women in XIXth Century Montréal », *Histoire sociale*, vol. 6, n° 12, novembre 1973, p. 202-223.

DAGENAIS, Huguette. « Méthodologie féministe et anthropologie : une alliance possible », *Anthropologie et sociétés*, numéro spécial « Enjeux et contraintes : discours et pratiques des femmes », vol. 11, n° 1, 1987, p. 19-43.

DAIGLE, Johanne. « Femmes et histoire : l'autopsie du genre d'une science de l'homme » dans Anne Decerf (dir.), *Les théories scientifiques ont-elles un sexe ?*, Moncton, Les éditions d'Acadie, 1991, p. 249-266. **T**

DAIGLE, Johanne. « D'histoire et de femmes… De la constitution d'un genre historique à la prise en compte du genre dans la construction du passé » dans Jacques Mathieu (dir.), *La Mémoire dans la culture*, Québec, PUL, 1995, p. 235-253. **T**

DAUPHIN, Cécile. « Femmes » dans *La Nouvelle Histoire. Les Encyclopédies du savoir moderne*, Paris, Bibliothèque du CEPL, 1978, p. 176-180. **T**

DAUPHIN, Cécile *et al.* « Culture et pouvoir des femmes : essai d'historiographie » dans *Annales ESC*, mars-avril 1986, p. 271-293. **T**

DAVIS, Natalie Z. « Women's History in Transition : The European Case », *Feminist Studies*, vol. 3, n° 34, 1976, p. 83-103. **B**

DAVIS, Natalie Z. « Gender and Genre : Women as Historical Writers, 1400-1820 » dans Patricia H. Labalme (dir.), *Beyond Their Sex : Learned Women of the European Past*, New York, New York University Press, 1980, p. 153-182.

DAVIS, Natalie Z. et Arlette FARGE (dir). *Histoire des femmes en Occident*, tome 3 : *XVIᵉ siècle-XVIIIᵉ siècle*, Paris, Plon, 1992, 557 p.

DEGLER, Carl. *Is There a History of Women ?*, Oxford, Clarendon Press, 1975, 31 p.

DEXTER, Elizabeth A. *Colonial Women of Affairs : Women in Business and the Professions in America before 1776*, New York, Augustus Kelly, 1972. (Réédition d'un ouvrage de 1931)

DOWD HALL, Jacquelyn. « Women's History Goes to Trial : EE0C v. Sears/ Roebuck and Company », *Signs. Journal of Women Culture and Society*, vol. 11, n° 4, 1986, p. 751-779.

DUBY, Georges. *Le Chevalier, la Femme et le Prêtre. Le mariage dans la France féodale*, Paris, Hachette, 1981, 311 p.

DUFRANCATEL, Christiane (dir.). *L'Histoire sans qualité*, Paris, Galilée, coll. L'espace critique, 1979, 223 p.

DUFRANCATEL, Christiane. « La femme imaginaire des hommes. Politique, idéologie et imaginaire dans le mouvement ouvrier » dans *L'Histoire sans qualité*, Paris, Galilée, 1979, p. 157-186. **T**

DUMAS, Silvio. *Les Filles du Roi*, cahier n° 24 de la Société historique de Québec, 1972, 382 p.

DUMONT-JOHNSON, Micheline. « Histoire de la condition de la femme dans la province de Québec » dans M. Wade-Labarge *et al.*, *Tradition culturelle et Histoire politique de la femme au Canada*, Ottawa, 1971, 50 p.

DUMONT-JOHNSON, Micheline. « Peut-on faire l'histoire de la femme ? », *Revue d'histoire de l'Amérique française*, vol. 29, n° 3, 1975, p. 421-428. [Reproduit dans cet ouvrage] **T**

DUMONT-JOHNSON, Micheline. « Découvrir la mémoire des femmes » dans Monique Dumais (dir.), *Devenirs de femmes,* Montréal, Fides, coll. Cahiers de recherche éthique, n° 8, 1981, p. 51-65. [Reproduit dans cet ouvrage] **T**

DUMONT, Micheline. « Histoire, mot féminin », *Liberté,* n° 147, « L'histoire vécue », juin 1983, p. 27-33. [Reproduit dans cet ouvrage] **T**

DUMONT, Micheline. « Les pièges de l'histoire » dans *Différentes mais égales.* Actes du Colloque international sur la contribution de la philosophie et des sciences humaines et sociales à l'étude de la situation de la femme tenu à l'Université de Montréal en novembre 1984, Montréal, PUM, 1986, p. 65-82. [Reproduit dans cet ouvrage] **T**

DUMONT, Micheline. « Historienne et sujet de l'histoire » dans Denise Lemieux (dir.), *Questions de culture,* n° 8, « Identités féminines : mémoire et création », Québec, Institut québécois de recherche sur la culture, janvier 1986, p. 21-34. [Reproduit dans cet ouvrage] **T**

DUMONT, Micheline. « The Influence of Feminist Perspectives on Historical Research Methodologies » dans Winnie Tomm (dir.), *The Effects of Feminist Approaches on Research Methodologies,* Waterloo, Wilfrid Laurier Press, 1989, p. 111-129. **T**

DUMONT, Micheline. « L'histoire des femmes », *Histoire sociale/Social History,* vol. 23, n° 45, mai 1990, p. 117-128. (Réaction à un article de Fernand Ouellette)

DUMONT, Micheline. « L'alphabétisation masculine », *Histoire sociale/Social History,* vol. 23, n° 45, mai 1990, p. 129-131. (Réaction à un article de Gérard Bouchard)

DUMONT, Micheline. « Une perspective féministe dans l'histoire des congrégations de femmes », *Société canadienne d'histoire de l'Église catholique,* 1990, p. 29-37.

DUMONT, Micheline. « La pointe de l'iceberg : L'histoire de l'éducation et l'histoire de l'éducation des filles au Québec », *Historical Studies in Education/ Revue d'histoire de l'éducation,* vol. 3, n° 2, automne 1991, p. 211-236 (avec Nadia Fahmy-Eid). **B**

DUMONT, Micheline. « L'histoire à la barre », *Recherches féministes,* vol. 4, n° 2, 1991, p. 129-138.

DUMONT, Micheline. « L'histoire des femmes à quinze ans », *Traces,* vol. 29, n° 1, janvier-février 1991, p. 34-37.

DUMONT, Micheline. « Temps et mémoire des femmes », *Recherches féministes,* vol. 6, n° 1, 1993, p. 1-11 (avec Nadia Fahmy-Eid).

DUMONT, Micheline. « L'histoire des femmes », *Présentations à la société Royale du Canada,* Ottawa, Académie des Lettres et des Sciences humaines, 1994, p. 49-57. [Reproduit dans cet ouvrage] **T**

DUMONT, Micheline. « Du féminin au féminisme. L'exemple québécois reconsidéré », *Clio. Histoire, Femmes et Sociétés,* n° 6, automne 1997, p. 204-216. (À propos d'un texte de Yolande Cohen)

DUMONT, Micheline. « Suffrage féminin et démocratie au Canada. Le cas canadien reconsidéré », *Bulletin d'histoire politique,* vol. 6, n° 3, été 1998, p. 120-133. (À propos d'un texte de Yolande Cohen)

DUMONT, Micheline. « L'histoire nationale peut-elle intégrer la réflexion féministe sur l'histoire ? » dans Robert Comeau et Bernard Dionne (dir.), *À propos de l'histoire nationale,* Sillery, Septentrion, 1998, p. 19-36.

DUMONT, Micheline. « Une force politique invisible », *Options CEQ,* n° 18, « Le pouvoir, un métier non traditionnel », 1998, p. 13-20.

DUMONT, Micheline. « La construction de l'invisibilité », *Liberté,* n° 250, « Masculin/Féminin : quelle différence ? », novembre 2000, p. 9-17. [Reproduit dans cet ouvrage] **T**

DUMONT, Micheline. « Un champ bien clos. L'histoire des femmes au Québec », *Atlantis,* vol. 25, n° 1, automne 2000, p. 102-118. **B**

DUMONT, Micheline. « L'histoire religieuse sans les femmes », *Études d'histoire religieuse,* n° 67, 2001, p. 197-208.

DUMONT, Micheline et Nadia FAHMY-EID (dir.). *Les Couventines. L'éducation des filles au Québec dans les congrégations religieuses enseignantes,* Montréal, Boréal, 1986, 315 p.

EICHLER, Margrit. *Sexism in Research and its Policy Implications,* Ottawa, Les documents de l'ICRAF, n° 6, 1983, 35 p.

EVANS, Richard. « The History of European Women : A Critical Survey of Recent Research », *Journal of Modern History,* n° 52, décembre 1980, p. 656-675. **B**

FAHMY-EID, Nadia. « Histoire, objectivité et scientificité. Jalons pour une reprise du débat épistémologique », *Histoire sociale,* n° 47, 1991, p. 9-34. **T**

FAHMY-EID, Nadia. « L'histoire des femmes. Construction et déconstruction d'une mémoire sociale », *Sociologie et Sociétés,* vol. 29, n° 2, 1997, p. 21-30. **T**

FAHMY-EID, Nadia et Micheline DUMONT. « Les rapports femmes/famille/éducation au Québec : bilan de la recherche » dans *Maîtresses de maison, maîtresses d'école,* Montréal, Boréal, 1983, p. 5-46. **B**

FALK, Joyce D. « The New Technology for Research in European Women's History : Outline Bibliography », *Signs,* vol. 9, n° 1, automne 1983, p. 120-133. **M**

FARGE, Arlette. *Vivre dans la rue à Paris au XVIIIe siècle,* Paris, Gallimard/Julliard, coll. Archives, 1979, 252 p.

FARGE, Arlette. « L'histoire ébruitée » dans Christiane Dufrancatel (dir.), *L'Histoire sans qualité,* Paris, Galilée, 1979, p. 13-40. **T**

FARGE, Arlette. *Le Miroir des femmes,* Paris, Montalba, 1982, 412 p.

FARGE, Arlette. « Dix ans d'histoire des femmes en France », *Le Débat,* n° 23, janvier 1983, p. 161-169. **B**

FARGE, Arlette. « Pratiques et effets de l'histoire des femmes » dans Michelle Perrot (dir.), *Une histoire des femmes est-elle possible ?*, Marseille, Rivages, 1984, p. 17-36. **M**

FARGE, Arlette. *La Vie fragile. Violence, pouvoirs et solidarités à Paris au XVIIIe siècle*, Paris, Hachette, 1986, 354 p.

FARGE, Arlette. « Évidentes émeutières » dans Michelle Perrot et Georges Duby (dir.), *Histoire des femmes en Occident*, tome 3, Paris, Plon, 1991, p. 481-497.

FARGE, Arlette et Michel FOUCAULT. *Le Désordre des familles : lettres de cachet des archives de la Bastille*, Paris, Gallimard, 1982, 362 p.

FARGE, Arlette et Christiane KLAPISH-ZUBER. *Madame ou Mademoiselle : itinéraires de la solitude féminine, 8e-20e siècles*, Paris, Montalba, 1984, 301 p.

FAURÉ, Christine. « Une violence paradoxale » dans Christiane Dufrancatel (dir.), *L'Histoire sans qualité*, Paris, Galilée, 1979, p. 85-110.

FERNANDEZ, Luis-Carlos. « Présentation », *Liberté*, n° 250, « Masculin/Féminin : quelle différence ? », novembre 2000, p. 7-8.

FOX-GENOVESE, Elizabeth. « Placing Women's History in History », *New Left Review*, n° 133, mai-juin 1982, p. 5-29. **B**

FRAISSE, Geneviève. Critique de *L'Histoire des femmes au Québec*, *Bulletin du CRIF*, n° 2, printemps 1983, p. 1-2.

FRAISSE, Geneviève. « Droit naturel et question de l'origine dans la pensée féministe au XIXe siècle » dans *Stratégies des femmes*, Paris, Tierce, 1984, p. 375-390.

FRAISSE, Geneviève. *La Différence des sexes*, Paris, PUF, 1996, 126 p.

FRAISSE, Geneviève. *Les Femmes et leur histoire*, Paris, Gallimard, 1998, 614 p.

FRAISSE, Geneviève et Michelle PERROT (dir). *Histoire des femmes en Occident*, tome 4 : *Le XIXe siècle*, Paris, Plon, 1992, 627 p.

FRENCH, Marilyn. *La Fascination du pouvoir*, Paris, Acropole, 1986, 593 p.

GAGNON, Mona-Josée. *Les Femmes vues par le Québec des hommes*, Montréal, Le Jour, 1974, 160 p.

GEIGER, Susan N.G. « Women's Life Histories : Method and Content », *Signs*, vol. 11, n° 2, hiver 1986, p. 334-351. **M**

GORDON, Linda *et al.* « The Problems of Women's History » dans Berenice Carroll (dir.), *Liberating Women's History*, Urbana/Chicago/Londres, University of Illinois Press, 1976, p. 75-92. **M**

GOSSEZ, Catherine. « Les femmes des ethnologues », *Nouvelles questions féministes*, n° 3, avril 1982, p. 3-36.

GREER, Allan. *Habitants et Patriotes. La Rébellion de 1837 dans les campagnes du Bas-Canada*, Montréal, Boréal, 1997. (Voir le chapitre 6 : « La reine est une putain ! », p. 175-199)

GREER, Germaine. *La Femme eunuque*, Paris, Robert Laffont, 1971, 437 p.

GRIFFITHS, Naomi E.S. *Penelope's Web. Some Perceptions of Women in European and Canadian Society*, Toronto, Oxford University Press, 1976, 249 p.

GRIMAL, Pierre. *Histoire mondiale de la femme,* Paris, Nouvelle Librairie de France, 4 volumes, 1964.

GROULT, Benoîte. *Ainsi soit-elle,* Paris, Grasset/Fasquelle, 1975, 220 p.

GUBIN, Éliane. Compte rendu du livre de Geneviève Fraisse, *Les Femmes et leur histoire*, 1998, et du livre de Michelle Perrot, *Les Femmes ou le silence de l'histoire*, 1998, *Clio. Histoires, Femmes et Sociétés*, n° 12, 2000, p. 225-230.

HAMILTON, Roberta. *Gendering the Vertical Mosaic. Feminist Perspectives on Canadian Society,* Toronto, Copp Clark, 1996, 261 p.

HARDING, Sandra. « The Instability of the Analytical Categories of Feminist Theory », *Signs*, vol. 11, n° 4, été 1986, p. 648. **T**

HAREVEN, Tamara K. « Les grands thèmes de l'histoire de la famille aux États-Unis », *Revue d'histoire de l'Amérique française*, vol. 39, n° 2, automne 1985, p. 185-210. **B**

HILDEN, Patricia. « Women's History : The Second Wave », *The Historical Journal*, vol. 25, n° 1, 1982, p. 501-512. **B**

HOULE, Ghislaine. *La Femme au Québec*, Montréal, Bibliothèque nationale du Québec, ministère des Affaires culturelles, coll. Bibliographies québécoises, n° 1, 1975, 228 p.

HUFTON, Olwen. « Women in History : Early Modern Europe », *Past and Present*, n° 101, novembre 1983, p. 125-140. **B**

HYMOWITZ, Carol et Michaele WEISSMAN. *A History of Women in America,* New York, Bantam Books, 1978, 400 p.

JEAN, Michèle. *Québécoises du vingtième siècle,* Montréal, Le Jour, 1974, 303 p.

JOHANSSON, Sheila R. « Herstory as History : A New Field or Another Fad ? » dans Berenice Carroll (dir.), *Liberating Women's History*, Urbana/Chicago/Londres, Illinois University Press, 1976, p. 400-430. **M**

JUTEAU, Danielle. « Visions partielles, visions partiales : vision des minoritaires en sociologie », *Sociologie et Sociétés*, vol. 13, n° 2, 1981, p. 33-47.

KELLY-GADOL, Joan. « The Social Relation of the Sexes : Methodological Implications of Women's History », *Signs*, vol. 1, n° 4, 1976, p. 809-823. **T**

KELLY, Joan. *Women, History and Theory,* Chicago/Londres, University of Chicago Press, 1984, 163 p. **T**

KELLY, Joan. « Author's Preface » dans *History and Theory. The Essays of Joan Kelly,* Chicago/Londres, University of Chicago Press, 1984, p. xi-xiv.

KELSO, Ruth. *Doctrine for the Lady of the Renaissance,* Urbana, University of Illinois Press, 1978, 475 p. (Édition originale, 1956)

KIRSCH, Chantal. « Forces productives, rapports de production et origine des inégalités entre hommes et femmes », *Anthropologie et sociétés*, vol. 1, n° 3, 1977, p. 15-41.

KLAPISH-ZUBER, Christiane. « Le médiéviste, la femme et le sériel » dans Michelle Perrot (dir.), *Une histoire des femmes est-elle possible ?*, Marseille, Rivages, 1984, p. 37-48. **M**

KLEJMAN, Laurence et Florence ROCHEFORT. *L'Égalité en marche. Le féminisme sous la Troisième République,* Paris, Des femmes, 1989, 536 p.

KNIBIEHLER, Yvonne. *Nous les assistantes sociales*, Paris, Aubier / Montaigne, 1981, 383 p.

KNIBIEHLER, Yvonne. *De la pucelle à la minette*, Paris, Temps actuels, 1983, 259 p.

KNIBIEHLER, Yvonne. « Chronologie et histoire des femmes » dans Michelle Perrot (dir.), *Une histoire des femmes est-elle possible ?*, Marseille, Rivages, 1984, p. 57. **M**

KNIBIEHLER, Yvonne. « Itinéraire d'une historienne et technologue (sic) », [ethnologue], *Perspectives universitaires*, vol. 3, n° 1-2, 1986, p. 384. **T**

KNIBIEHLER, Yvonne. *Les pères aussi ont une histoire,* Paris, Hachette, 1987, 389 p.

KNIBIEHLER, Yvonne. *La Révolution maternelle depuis 1945. Femmes, maternité, citoyenneté*, Paris, Perrin, 1997, 370 p.

KNIBIEHLER, Yvonne et Catherine FOUQUET. *Histoire des mères*, Paris, Montalba, 1977, 365 p.

KNIBIEHLER, Yvonne et Catherine FOUQUET. *La Beauté, pourquoi faire ?*, Paris, Temps actuels, 1982, 180 p.

KNIBIEHLER, Yvonne et Catherine FOUQUET. *La Femme et les Médecins*, Paris, Hachette, 1983, 333 p.

KOFMAN, Sarah. « Les fins phallocratiques de Rousseau » dans *Égalité et différence des sexes*, Cahiers de l'ACFAS, n° 44, Montréal, 1986, p. 341-358.

LAPOINTE, Jeanne et Margrit EICHLER. *Le Traitement objectif des sexes dans la recherche,* Ottawa, Conseil de recherches des sciences humaines du Canada, 1985, 28 p.

LAQUEUR, Thomas. *La Fabrique du sexe. Essai sur le corps et le genre en Occident,* Paris, Gallimard, 1990, 355 p. (Édition originale américaine, 1988)

LAURIN, Nicole. « La libération des femmes », réédition dans Marie Lavigne et Yolande Pinard (dir.), *Travailleuses et féministes. Les femmes dans la société québécoise*, Montréal, Boréal, 1983, p. 359-387.

LAVIGNE, Marie. « L'histoire de quelles femmes… ? », *Sciences sociales au Canada,* vol. 4, n° 4, 1976, p. 1-2.

LAVIGNE, Marie. « Réflexions féministes autour de la fertilité des Québécoises » dans Nadia Fahmy-Eid et Micheline Dumont (dir.), *Maîtresses de maison, maîtresses d'école. Femmes, famille et éducation dans l'histoire du Québec*, Montréal, Boréal, 1983, p. 319-338.

LAVIGNE Marie et Yolande PINARD. « Présentation » dans M. Lavigne et Y. Pinard (dir.), *Les Femmes dans la société québécoise*, Montréal, Boréal, 1977, p. 5-32. **B**

LAVIGNE, Marie et Yolande PINARD. « Travail et mouvement des femmes : une histoire visible, bilan historiographique » dans M. Lavigne et Y. Pinard (dir.), *Travailleuses et féministes. Les femmes dans la société québécoise*, Montréal, Boréal, 1983, p. 7-61. **B**

LAVILLE, Christian. « À l'assaut de la mémoire collective. Discours et pratiques de l'histoire scolaire au tournant du XXIᵉ siècle », *Traces*, vol. 38, nᵒ 4, novembre 2000, p. 18-26.

LERNER, Gerda. *The Grimke Sisters From South Carolina : Rebels Against Slavery*, Boston, Houghton Mifflin, 1967.

LERNER, Gerda. *The Woman in American History*, Reading, Addison-Wesley, 1971.

LERNER, Gerda. *Black Women in White America : A Documentary History*, New York, Pantheon Books, 1972. (Traduction française : *De l'esclavage à la ségrégation. Les femmes noires dans l'Amérique des blancs*, Paris, Denoël/Gonthier, 1975, 350 p.)

LERNER, Gerda. *The Majority Finds Its Past. Placing Women in History*, Oxford/New York/Toronto/Melbourne, Oxford University Press, 1979, 217 p.

LERNER, Gerda. « Autobiographical Notes, by Way of an Introduction » dans *The Majority Finds Its Past. Placing Women in History*, Oxford/New York/Toronto/Melbourne, Oxford University Press, 1979, p. xiii-xxxii.

LERNER, Gerda. *Teaching Women's History*, Washington, American Historical Association, 1981, 88 p.

LERNER, Gerda. *The Creation of Patriarchy*, New York/Oxford, Oxford University Press, 1986, 318 p.

LERNER, Gerda. *The Creation of Feminist Consciousness. From the Middle Ages to Eighteen-Seventy*, New York/Oxford, Oxford University Press, 1993, 395 p.

LÉVESQUE, Andrée. « History of Women in Quebec since 1985 », *Quebec Studies*, nᵒ 12, printemps-été 1991, p. 83-91. **B**

LÉVESQUE, Andrée. « Réflexions sur l'histoire des femmes dans l'histoire du Québec », *Revue d'histoire de l'Amérique française*, vol. 51, nᵒ 2, automne 1997, p. 271-284. **B**

LINTEAU, Paul-André, René DUROCHER et Jean-Claude ROBERT. *Histoire du Québec contemporain*, Montréal, Boréal, 1979 (tome 1) et 1986 (tome 2).

LOUGEE, Carolyn C. « Modern European History », *Signs*, vol. 2, nᵒ 3, 1977, p. 628-650. **B**

MANDROU, Robert. *Introduction à la France moderne. Essai de psychologie historique, 1500-1640*, Paris, Albin Michel, 1961, 400 p.

MANN-TROFIMENKOFF, Susan. *The Dream of Nation*, Toronto, MacMillan, 1983. (Traduction française : *Visions nationales. Une histoire du Québec*, Montréal, Trécarré, 1986, 455 p.)

MANN-TROFIMENKOFF, Susan. « Feminist Biography », *Atlantis*, vol. 10, nᵒ 2, printemps 1985, p. 1-9. **M**

MANN-TROFIMENKOFF, Susan et Alison PRENTICE. *The Neglected Majority. Essays in Canadian Women's History*, Toronto, Mc Clelland and Stewart, 1977 (vol. 1) et 1985 (vol. 2).

MARCIL-LACOSTE, Louise. *La Thématique contemporaine de l'égalité. Répertoire. Résumés*, Montréal, PUM, 1984, 244 p.

MICHEL, Andrée. *Le Féminisme*, Paris, PUF, coll. Que sais-je ?, n° 1782, 1979, 125 p.

MILES, Angela. « Sexuality, Diversity and Relativism in The Women's Liberation Movement », *Resources for Feminist Research/Documentation sur la recherche féministe*, vol. 14, n° 3, 1985, p. 9-11.

MILLETT, Kate. *La Politique du mâle*, Paris, Stock, 1971, 461 p.

MINNICH, Elizabeth K. « Friendship Between Women : The Act of Feminist Biography », *Feminist Studies*, vol. 11, n° 2, été 1985, p. 287-305. **M**

MOMIGLIANO, Arnado. *Problèmes d'historiographie ancienne et moderne*, Paris, Gallimard, 1983, cité dans Guy Bourdé et Hervé Martin, *Les Écoles historiques*, Paris, Seuil, 1989, p. 38.

MONET-CHARTRAND, Simonne. *Ma vie comme rivière*, Montréal, Remue-ménage, 4 volumes, 1981, 1982, 1988, 1992.

NEWTON, Judith L. *et al. Sex and Class in Women's History*, Londres/Boston/Melbourne/Henley, Routledge and Kegan Paul, 1983, 270 p. **T**

NOËL, Lise. « Haro sur les féministes », *Liberté*, n° 155, octobre 1984, p. 76-82.

NORTON, Mary Beth. « The Evolution of White Women's Experience in Early America », *American Historical Review*, vol. 89, n° 3 , juin 1984, p. 593-619.

NORTON, Mary Beth et Carol Ruth BERKIN. « Women and American History » dans *Women of America, A History*, Boston, Houghton Mifflin, 1979, p. 3-15.

OUELLETTE, Fernand. « La modernisation de l'historiographie et l'émergence de l'histoire sociale », *Recherches sociographiques*, vol. 26, n° 1-2, 1985, p. 11-83.

OUELLETTE, Fernand. « La question sociale au Québec, 1880-1930 : La condition féminine et le mouvement des femmes dans l'historiographie », *Histoire sociale*, vol. 21, n° 42, novembre 1988, p. 319-345.

PARR, Joy et Mark ROSENFELD. *Gender and History in Canada*, Toronto, Copp Clark, 1996, 381 p.

PERROT, Michelle. « La femme populaire rebelle » dans Christiane Dufrancatel (dir.), *L'Histoire sans qualité*, Paris, Galilée, 1979, p. 123-156.

PERROT, Michelle. *L'Impossible Prison : recherches sur le système pénitentiaire au XIXᵉ siècle*, Paris, Seuil, 1980, 317 p.

PERROT, Michelle. « Sur l'histoire des femmes en France », *La Revue du nord*, vol. 63, n° 250, juillet-septembre 1981, p. 569-579. **B**

PERROT, Michelle. *Jeunesse de la grève : France 1871-1890*, Paris, Seuil, 1984.

PERROT, Michelle. « Préface » dans *Une histoire des femmes est-elle possible ?*, Marseille, Rivages, 1984, p. 7-16.

PERROT, Michelle. « Les femmes, le pouvoir et l'histoire » dans *Une histoire des femmes est-elle possible ?*, Marseille, Rivages, 1984, p. 206-222.

PERROT, Michelle. « Histoire d'une femme, histoire des femmes », *Le Débat*, n° 37, novembre 1985, p. 135-151. **T**

PERROT, Michelle (dir.). *Histoire de la vie privée*, tome IV : *Le XIXᵉ siècle*, Paris, Seuil, 1987, 636 p.

PERROT, Michelle. *Les Femmes ou les silences de l'histoire*, Paris, Flammarion, 1998, 492 p.

PINARD, Yolande. « Compte rendu de l'atelier *Passé collectif des femmes* » dans *La Recherche sur les femmes au Québec*, Montréal, UQAM, 1980, p. 77.

POWER, Eileen. *Medieval Women*, Londres/New York/Melbourne, Cambridge University Press, 1975, 112 p.

PRENTICE, Alison. « Writing Women into History : The History of Women Work in Canada », *Atlantis*, vol. 3, n° 2, 1978 (2ᵉ partie), p. 72-84. **B**

PROST, Antoine. *Douze leçons sur l'histoire*, Paris, Seuil, 1996, 330 p.

RAPP, Rayna, Ellen ROSS et Renate BRIDENTHAL. « Examining Family History » dans J.L. Newton, Mary P. Ryan et J.R. Walkowitz (dir.), *Sex and Class in Women's History*, Londres/Boston/Melbourne/Henley, Routledge and Kegan Paul, 1983, p. 232-259. **B**

REVEL, Jacques. « Masculin/féminin : sur l'usage historiographique des rôles sexuels » dans Michelle Perrot (dir.), *Une histoire des femmes est-elle possible ?*, Marseille, Rivages, 1984, p. 121-140. **M**

RICARD, François. « Confessions d'un profane passionné », *Liberté*, n° 147, 1983, p. 63-81.

RILEY, Denise. *« Am I that name ? » Feminism and the Category of « Women » in History*, Minneapolis, University of Minnesota Press, 1988, 126 p.

ROACH PIERSON, Ruth. « Women's History : The State of the Art in Atlantic Canada », *Acadiensis*, vol. 7, n° 1, automne 1977, p. 121-131. **B**

ROACH PIERSON, Ruth et Nupur CHAUDHURI (dir.). *Nation, Empire, Colony. Historicizing Gender and Race*, Bloomington/Indianapolis, Indiana University Press, 1998, 314 p.

ROSSI, Alice. « A Biosocial Perspective on Parenting », *Daedalus*, vol. 106, n° 2, printemps 1977, p. 1-31.

SAMARAN, Charles. « Préface », *L'Histoire et ses méthodes*, Paris, Gallimard, Encyclopédie de La Pléiade, 1961, p. vii-xiii.

SCHMIDT, D.B. et E.R. SCHMIDT. « The Invisible Woman : The Historian as Professional Magician » dans Berenice A. Carroll (dir.), *Liberating Women's History*, Urbana/Chicago/Londres, Illinois University Press, 1976, p. 42-54.

SCHMIDT-PANTEL, Pauline. Texte de présentation à « Philosophie du genre » dans Georges Duby et Michelle Perrot (dir.), *Histoire des femmes en Occident*, tome 1, Paris, Plon, 1992, p. 63-64.

SCOTT, Anne Firor *et al.* « Women's History in the New Millenium. A Conversation Across Three Generations », *Journal of Women History,* vol. 11, n° 1, printemps 1999, p. 9-30 et vol. 11, n° 2, été 1999, p. 199-220.

SCOTT, Joan Wallach. « Dix ans d'histoire des femmes aux États-Unis », *Le Débat,* n° 17, décembre 1981, p. 127-132. **B**

SCOTT, Joan Wallach. « Women in History : The Modern Period », *Past and Present,* n° 101, novembre 1983, p. 141-157. **B**

SCOTT, Joan Wallach. *Gender and the Politics of History,* New York, Columbia University Press, 1988, 242 p. **T**

SCOTT, Joan Wallach. « Le genre : Une catégorie utile d'analyse historique », *Les Cahiers du Grif,* n° 37-38, « Le genre de l'histoire », Paris, Tierce, 1988, p. 125-153. (Traduction française d'un chapitre important de *Gender and the Politics of History*) **T**

SCOTT, Joan Wallach. « Women's History » dans Peter Burke (dir.), *New Perspectives on Historical Writing,* University Park, The Pennsylvania State University Press, 1992, p. 42-66. **T**

SCOTT, Joan Wallach (dir.). *Feminism and History,* New York, Oxford University Press, 1996, 611 p. **T**

SEGALEN, Martine. « Sous les feux croisés de l'histoire et de l'anthropologie : la famille en Europe », *Revue d'histoire de l'Amérique française,* vol. 39, n° 2, automne 1985, p. 163-184. **B**

SICHERMAN, Barbara. « American History », *Signs,* vol. 1, n° 2 , 1975, p. 461-485. **B**

SMITH, Bonnie G. « The Contribution of Women to Modern Historiography in Great Britain, France, and the United States, 1750-1940 », *American Historical Review,* vol. 89, n° 3, juin 1984, p. 709-732.

SMITH, Hilda. « Feminism and the Methodology of Women's History » dans Berenice Carroll (dir.), *Liberating Women's History,* Urbana, Chicago/Londres, University of Illinois Press, 1976, p. 369-384. **M**

SMITH-ROSENBERG, Carroll. « The New Woman and the New History », *Feminist Studies,* vol. 3, n° 1, 1975, p. 185-198. **B**

Sociologie et Sociétés, vol. 13, n° 2, octobre 1981 : « Les femmes dans la sociologie ».

SPIELVOGEL, Myriam. « Les enjeux politiques de l'exaltation de la différence des sexes », *Liberté,* n° 250, automne 2000, p. 58-66.

STEPHENSON, Marylee (dir.). *Women in Canada,* Toronto, New Press, 1973, 331 p.

STERN, Karl. *Refus de la femme,* Montréal, HMH, 1968, 251 p.

STODDART, Jennifer. « Les buts du colloque » dans *La Recherche sur les femmes au Québec,* compte rendu d'un colloque interdisciplinaire tenu à Montréal les 12 et 13 mai 1979, Montréal, UQAM, 1980, p. 4.

STONE, Lawrence. « Family History : Future Trends » dans Theodore K. Rabb et Robert I. Rotberg (dir.), *The New History. The 1980s and Beyond. Studies in Interdisciplinary History,* Princeton, Princeton University Press, 1982, p. 51-87.

STONE, Lawrence. « The Use and Abuse of History », *The New Republic,* mai 1994, p. 31-37.

Stratégies des femmes, Paris, Tierce, 1984, 509 p. **T**

TESSIER, Albert. *Canadiennes,* Montréal, Fides, 1962, 160 p.

TEXIER, Geneviève et Andrée MICHEL. *La Condition de la Française d'aujourd'hui,* 2 volumes, Paris, Gonthier, 1964.

THÉBAUD, Françoise. *Écrire l'histoire des femmes,* Paris, ENS, 1998, 226 p.

TILLY, Louise A. et Joan Wallach SCOTT. *Women, Work and Family,* New York, Holt, Rinehart and Winston, 1978. (Traduction française : *Les Femmes, le Travail et la Famille,* Paris, Rivages/Histoire, 1987,précédé d'une importante introduction)

TOUPIN, Louise. « Peut-on faire l'histoire du féminisme ? », *Recherches féministes,* vol. 6, n° 1, 1993, p. 25-52. **T**

VAN KIRK, Sylvia. « What Has the Feminist Perspective Done for Canadian History » dans *Knowledge Reconsidered : A Feminist Overview/Le Savoir en question : vue d'ensemble féministe,* Ottawa, CRIAW/ICREF, 1984, p. 43-58. **B**

VICINUS, Martha. « Tactiques des suffragettes anglaises. Espace des hommes et corps des femmes » dans *Stratégies des femmes,* Paris, Tierce, 1984, p. 407-423.

VILAR, Pierre. « Histoire marxiste, histoire en construction » dans Jacques Le Goff et Pierre Nora (dir.), *Faire l'histoire,* tome 1 : *Nouveaux problèmes,* Paris, Gallimard, 1974, p. 169-209.

WADE-LABARGE, Margaret, Micheline D.-JOHNSON et Margaret E.-MACLELLAN. *Tradition culturelle et Histoire politique de la femme au Canada,* études préparées pour la Commission royale d'enquête sur la situation de la femme au Canada, n° 8, Ottawa, 1971, 40 p., 57 p. et 36 p.

WERNER, Pascale. « Des voix irrégulières. Flora Tristan et George Sand, ambivalence d'une filiation » dans Michelle Perrot (dir.), *L'Histoire sans qualité,* Paris, Galilée, 1979, p. 41-84.

YATES, Gayle G. *What Women Want ? The Ideas of the Movement,* Cambridge/Londres, Harvard University Press, 1975, 230 p.

GAUVÏN

Achevé d'imprimer
en octobre deux mille un, sur les presses
de l'Imprimerie Gauvin, Hull, Québec